Burnham Park Harbor
PROMONTORY POINT
MUSEU
AND IN
Jackson Park
E 67th St
S Cornell Dr.
S Stony Island Ave.
S Woodlawn Ave.
F
E 63rd St
E Hyde Park Blvd
Washington Park
S Cottage Grove Ave.
FOUNTAIN OF TIME
Oakwoods Cemetery
S Chicago Ave.
S Chicago Skwy
E Marquette Rd
S Lake Shore Dr.
E31s St
E 43rd St
E 47th St
S Martin Luther King Dr.
S Michigan Ave.
S Michigan Ave.
S Indiana Ave.
State St
S State St
S State St
Stevenson Expwy
Dan Ryan Expwy
Dan Ryan Expwy
W 59th St
Canal St
Expwy
W 43rd St
W Garfield Blvd
W 63rd St
S Halsted St
S Halsted St
W Cermak Rd
W 18th St
W 31st St
W 35th St
W Pershing Rd
W 47th St
W 51st St
S Racine Ave.
W Marquette Rd
W 71st St
ne Ave.
S Ashland Ave.
S Ashland Ave.
S Ashland Ave.
E
NATIONAL MUSEUM OF MEXICAN ART
S Damen Ave.
McKinley Park
S Damen Ave.
W 63rd St
S Western Ave.
S Western Ave.
S Western Ave.
S Archer Ave.
Douglas Park
S California Ave.
S California Ave.
ie Ave.
W Cermak Rd
S Kedzie Ave.
Stevenson Expwy
S Kedzie Ave.
Marquette Park
W Ogden Ave.
W 26th St
W 47th St
W 55th St
W 59th St
W 63rd St
S Pulaski Rd
S Pulaski Rd
2 km

CHASE
CHICAGO
STEVE MARTIN & SCR
FEAT EDIE BRICKELL 7
IL VOLO SEPT 4
Chicago Design Museum
Work at Play

BIENVENUE À
CHICAGO

Troisième ville la plus peuplée des États-Unis, nœud de communication au cœur du Middle West, centre industriel et place financière d'importance mondiale, la "Cité aux larges épaules" – selon l'expression du poète Carl Sandburg – voit les choses en grand. Elle n'a pas lésiné sur la hauteur de ses gratte-ciel, ni hésité à inverser le cours de la Chicago River !

Ambitieuse, entreprenante et travailleuse, Chicago s'est construite grâce à l'afflux de plus d'un million de migrants en moins d'un siècle. Autour du Loop, le centre historique, Grecs, Italiens ou Chinois ont donné leur nom à une mosaïque de quartiers. De son histoire, où se mêlent hommes d'affaires et gangsters, bouchers et *bluesmen*, Chicago conserve un grand appétit de vivre, un goût prononcé pour l'innovation, la bonne chère et la chaleur humaine.

Haute mais pas hautaine, elle se laisse découvrir à pied, le nez levé vers ses joyaux d'architecture. Les galeries d'art ont envahi les anciens hangars de River North, les festivals de musique s'invitent sur les pelouses de Millennium Park... Partout, musées, théâtres, clubs de blues ou de comédie d'improvisation nourrissent la vie culturelle ; le base-ball s'impose aussi comme un art de vivre au stade historique de Wrigley Field. La "Cité venteuse" est surtout celle où soufflent une énergie jamais démentie, ainsi qu'une brise rafraîchissante sur la rive du majestueux lac Michigan. Avec Cartoville, la ville s'ouvre à vous !

Retrouvez dans ce guide toutes les bonnes adresses d'Aude Lize. Guide touristique, Aude parcourt la ville dans ses moindres recoins

INCONTOURNABLES

B

Chicago River

Lien vital entre les Grands Lacs et le Mississippi à l'époque où les marchandises étaient acheminées sur l'eau, la Chicago River se laisse admirer le mieux du milieu du Michigan Avenue Bridge. En 1900, pour protéger la source d'eau potable de la ville, le cours de la rivière est inversé !

A

Willis Tower

Achevée en 1973, cette tour géante de 108 étages, une des plus élevées du pays avec ses 442 m, s'inscrit pleinement dans la suite des innovations réalisées par les architectes de l'école de Chicago avec son ossature en acier.

A

Art Institute of Chicago

Construit en 1893 après le grand incendie, le musée doit ses riches collections impressionnistes aux dons des familles les plus influentes de la ville. Il n'a depuis cessé de s'agrandir. Dernière aile en date : la Modern Wing (2009) signée Renzo Piano.

A

Museum Campus

Museum Campus réunit trois institutions pour les amateurs de sciences naturelles : l'Adler Planetarium, The Field Museum et le Shedd Aquarium.

A

Millennium Park

Lieu de rendez-vous privilégié, surtout autour de *La Porte des nuages*, célèbre sculpture d'Anish Kapoor baptisée "The Bean" pour sa forme de haricot rouge. Lieu de fête aussi, avec ses nombreux festivals d'été.

(B)

Navy Pier

Dominée par sa grande roue, Navy Pier a des airs de fête foraine... Ce n'est qu'une des cinq jetées esquissées par Daniel Burnham, dont le plan d'urbanisme de 1909 préconisait que chaque citoyen puisse, de son lieu d'habitation, se rendre à pied dans un parc : Grant Park et les autres sites visibles du Pier furent conçus selon cette règle.

(B)

Gold Coast

Au pied du John Hancock Center, la Gold Coast est souvent négligée par les promeneurs... Ce quartier aisé a vu le jour à la fin du XIXe s. grâce aux magnats qui vivaient alors sur Prairie Avenue, au sud de la ville. Ils érigèrent dans cette zone marécageuse les hôtels particuliers qui font tout le charme des rues.

(D)

West Loop

Ancien quartier industriel, West Loop est devenu un véritable laboratoire gastronomique où de nombreux spots foodies excellent. Les plus mythiques se concentrent dans Fulton Market et sur Randoph St. Non loin, une autre enclave dédiée à la cuisine, plus traditionnelle cette fois : Greektown (quartier E).

(F)

Museum of Science and Industry

Un musée pour expérimenter ! Sciences naturelles et physiques, médecine, transports et communications se dévoilent dans cet immense bâtiment connu sous le nom de "Cité blanche" – ancien palais des Beaux-Arts et seul souvenir de la légendaire Exposition universelle de 1893.

(C)

North Avenue Beach

Une des plages les plus prisées des trente-trois que compte la ville, réparties sur 40 km. L'influence du lac Michigan sur le climat est connue et ses rives constituent un havre de fraîcheur en été. Les Chicagoans en raffolent, au point que certains utilisent leur bateau, amarré au port, comme résidence secondaire.

CHICAGO

AUTREMENT

B FAIRE DU KAYAK SUR LA CHICAGO RIVER

Qui dit rivière et lac dit kayak. Chicago ne déroge pas à la règle. Que vous souhaitiez pratiquer à votre rythme ou participer à une visite guidée, pagayer seul ou à deux, tout est possible pour découvrir la Chicago River sous un autre angle. Possibilité également de faire du kayak sur le lac et de découvrir la *skyline* d'un point de vue unique.

→ **Urban Kayak** 435 E Riverwalk South Tél. 312 965 0035 Mai-début oct. urbankayaks.com Tarif 45$/h (simple), 80$/h (double)

C S'ESCLAFFER DEVANT BLUE MAN GROUP

"Délirants", "visuellement renversants et musicalement puissants"... Voici les critiques de ce spectacle mené par trois hommes chauves et bleus ! Nul besoin de comprendre l'anglais, le show est sans paroles et joue sur la musique, les surprises et la comédie. Pour petits et grands !

→ **Blue Man Group** Briar Street Theater 3133 North Halsted Street Tél. 800 258 3626 Spectacle à 14h, 16h, 17h ou 20h selon les jours (consulter le calendrier en ligne) www.bluman.com Tarif 49-69$

C ASSISTER À UN MATCH DE BASE-BALL

Deux équipes de base-ball s'affrontent à Chicago : les White Sox et les Cubs. Dans le plus ancien stade de base-ball de la Ligue nationale, l'ambiance amicale règne. Autour du stade, de nombreux *sports bars* accueillent les supporters.

→ **Wrigley Field** 1060 N Clark St / W Addison St Tél. 773 404 2827 chicago.cubs.mlb.com La plupart des matchs se jouent à guichets fermés. On trouve des tickets à revendre sur www.stubhub.com ou à l'angle de W Addison St et de N Sheffield Ave. (**C** A2)

A PATINER AU MAGGIE DALEY PARK

Le patinage au Millennium Park est une tradition chère à Chicago. Chaque hiver, la patinoire du Maggie Daley Park abrite un ruban de patinage pittoresque qui serpente à travers des pins enneigés. Son parcours fait deux fois la longueur d'un tour autour d'une patinoire classique : deux fois plus de plaisir pour les patineurs.

→ **Maggie Daley Park Ice Skating Ribbon** 337 E Randolph St Tél. 312 552 3000 20 déc.-13 mars : tlj. 11h-22h Sur rés. par créneau de 2h maggiedaleypark.com Tarif 16-22$

D BOIRE UN VERRE DANS UN *SPEAKEASY*

Al Capone et la prohibition, ça vous parle ? Plongez dans l'ambiance des bars clandestins des années 1930 au Drifter, l'un des meilleurs *speakeasies* de Chicago. Cocktails excentriques et spectacle burlesque seront au menu.

→ **The Drifter** 676 N Orleans St Tél. 312 631 3887 Mer.-sam. 17h-2h (3h sam.) www.thedrifterchicago.com Une fois dans Green Door Tavern, descendez les escaliers situés à l'arrière et vous arriverez dans une salle d'attente (37 personnes max, la patience est donc de mise !)

EXPLORER LE GARFIELD PARK CONSERVATORY

Considéré comme révolutionnaire lors de son ouverture en 1908, ce conservatoire botanique a été décrit comme une œuvre d'"art du paysage sous verre" : des milliers d'espèces de plantes du monde entier dans huit jardins d'exposition intérieurs et près de 5 ha de superbes jardins extérieurs.

→ **Garfield Park Conversatory** 300 N Central Park Ave. Green Line en direction de Harlem/Lake, arrêt Conservatory - Central Park Drive Tél. 773 638 1766 Mer.-dim. 10h-17h garfieldconservatory.org Entrée libre

CHICAGO EN 3 JOURS

JOUR 1 .... A B

MATIN

Commencez la journée dans le quartier A, le cœur historique de Chicago et admirez la richesse des styles architecturaux le long des avenues du **Loop** : State St, La Salle St, etc. Partez à la recherche des œuvres d'art urbain offertes à la ville par Picasso, Chagall... puis levez les yeux vers les plus vieux gratte-ciel du monde : le Monadnock Building, le Reliance Building... Juste à côté, le **Cultural Center** et ses expos gratuites vous ouvre ses portes.
Pause gourmande au restaurant le **Cindy's** (12 S Michigan Ave., **A** B2), situé sur le rooftop d'un building mythique : l'**Athletic Association Building**. Le panorama sur le lac et le parc est l'un des plus beaux de la ville.

APRÈS-MIDI

Retrouvez la verdure en flânant dans les allées du **Millennium Park**. Incontournable, **"The Bean"** vous attend sur son esplanade ainsi que la **Crown Fountain** et ses visages anonymes. Plus loin, à l'ouest, accédez au **Maggie Daley Park**, un immense espace de jeux et de détente : escalade ou patinage ! Longez la **Riverwalk**, les berges aménagées de la rivière Chicago où bars à cocktails, brasseries et musique live font l'animation. Mêlez-vous aux Chicagoans pour un *happy hour* au bord de l'eau.

Coup de cœur
Un verre au **Signature Lounge** au 96e étage du John Hancock Center, au coucher du soleil, pour une vue unique !

SOIR

Prolongez la balade sur le **Magnificent Mile**, artère vibrante de Downtown et ses enseignes de luxe dans River North. Goûtez à la fameuse pizza de Chicago : la *deep dish pizza*, chez **Pizzeria Uno** (29 E Ohio St, **B** B5).

JOUR 2 .... A C D

MATIN

Démarrez votre journée dans le quartier A avec un brunch typique du Midwest, au **Pittsfield Cafe** (55 E Washington St, **A** B2). Puis rendez-vous à l'**Art Institut Museum** qui abrite la deuxième plus grande collection d'œuvres impressionnistes au monde.

APRÈS-MIDI

Sautez dans le "L", le métro, prenez la Blue Line et dirigez-vous vers **Wicker Park,** le quartier hipster de Chicago, pour une séance shopping. Descendez à la station Division et remontez le long de Milwaukee Ave. où se côtoient friperies, galeries d'artistes, disquaires, librairies, grandes marques streetwear... Faites le plein de souvenirs chez **Transit Tees**.

Une petite faim ? **Milwaukee Avenue** regorge de petits restaurants et cafés où de savoureux tacos, hot dogs, *ramen* et donuts remplissent les menus. Remontez jusqu'à **Six Corners,** le cœur du **Wicker Park**. Le quartier s'anime particulièrement à partir de 16h. Arrêtez-vous à l'**Emporium** (1366 N Milwaukee Ave., **D** C1) pour une partie de flipper et de vieux jeux d'arcade !

On adore
Time Out Market (916 W Fulton Market, **D** E4) pour découvrir les meilleurs chefs de Chicago. Ambiance festive les soirs de week-end, avec DJ et concerts.

SOIR

Visitez le quartier en vogue à Chicago : le **West Loop**. Les grands abattoirs de la ville, son marché aux céréales, de vieux entrepôts et de petites usines s'y nichaient autrefois. Réhabilités, ces bâtiments (Randolph St et Fulton Market en particulier) sont devenus l'épicentre des activités noctambules et gourmandes de Chicago.

JOUR 3 .... B C

MATIN

Envie d'échapper au tumulte de la ville ? Direction le quartier B pour une belle balade à vélo en partant de **Navy Pier**, un ancien port militaire qui accueille aujourd'hui les bateaux de croisière traversant le lac Michigan et offre aux touristes restaurants, musées et attractions.

Remontez le long du lac Michigan jusqu'au **Lincoln Park**, cet immense parc paysager avec en toile de fond la *skyline* gigantesque et le bleu du lac Michigan. Le parc abrite le plus vieux zoo du pays, entièrement gratuit.

Poussez jusqu'à **North Avenue Beach** et régalez-vous dans l'un des restaurants en bord de plage.

APRÈS-MIDI

Profitez de la plage et de toutes ses activités : zone de baignade surveillée, terrain de beach-volley, location de jet-ski et paddle, musique live et vendeurs de rue. Ambiance balnéaire garantie !

On aime
Le **Chicago History Museum**, un musée ludique où l'histoire de Chicago est décortiquée, de sa fondation à nos jours en passant par le Grand Incendie de 1871 qui métamorphosa le destin de la ville.

En fin de journée, explorez les petites rues du quartier chic de **Lakeview** avec leurs jolies maisons et boutiques.

SOIR

Impossible de quitter Chicago, ville du blues, sans avoir goûté au son des guitares et à la voix de ses meilleurs chanteurs dans l'une des *music venues* de **Halsted St**. Le **Kingston Mines** (2548 N Halsted, **C** B4) est un passage obligé pour tous les amateurs de blues et de lieux authentiques. Les meilleurs musiciens de Chicago s'y relaient sur deux scènes tandis que les bonnes bières locales coulent à flots. Préparez-vous à danser jusqu'au bout de la nuit !

Monadnock Building

Daley Plaza

★ Wacker Drive B1
Cette rue à double niveau décrit une large boucle autour du Central Business District. Sa partie supérieure a été aménagée en promenade : l'occasion de découvrir l'architecture du Loop tout en flânant le long de la Chicago River, entre le Michigan Avenue Bridge et la Willis Tower.

Willis Tower A3
En 1973, après avoir dessiné le John Hancock Center, l'architecte Bruce Graham et l'ingénieur Fazlur Khan conçurent ce qui, pendant un quart de siècle, allait être la tour la plus haute du monde, forte de ses 442 m (527 m avec les antennes). Panorama et vertige assurés en posant le pied sur le "Skydeck", un balcon en verre perché 103 étages au-dessus de la rue !
→ 233 S Wacker Drive
Tél. 312 875 0066
***Skydeck** Mars-sep. : tlj. 9h (8h30 sam.)-22h ; oct.-fév. : tlj. 9h-20h (22h ven.-sam.)*
Tarif 30-39$

★ LaSalle Financial Canyon B3
Au cœur du quartier financier, les édifices de LaSalle St forment un canyon qu'interrompt, au sud, l'imposant Board of Trade Building, de style Art déco (1930). À quelques pas, The Rookery (1888), le vrai joyau de la rue, dévoile des intérieurs parmi les plus beaux de la ville : sublime verrière du *lobby*, conçue par Louis Sullivan et parachevée par Frank Lloyd Wright en 1906.
→ N LaSalle St, entre Adams St et Jackson Blvd

★ Monadnock Building B3
Un gratte-ciel de 1891, considéré par certains comme le premier de l'Histoire : des murs en briques de 2 m d'épaisseur soutiennent cette massive structure de 16 étages.
→ 53 W Jackson Blvd

★ Daley Plaza B2
Sous le regard énigmatiqu d'une immense sculpture Picasso (1967), cette plac accueille divers événeme ainsi qu'un marché de primeurs. À voir tout auto l'hôtel de ville (côté ouest James Thompson Center c à Helmut Jahn (au nord-ouest), le Daley Center, inspiré par Mies van der Rohe (au nord) et le Chica Temple (au sud), la plus haute église du monde !
→ W Washington St, entre Clark St et Dearborn St
***Marché** Mi-mai-oct. : jeu. 7h-*

★ Chicago Cultural Center B2
Cet opulent monument

Wacker Drive

Willis Tower

LaSalle / The Rookery

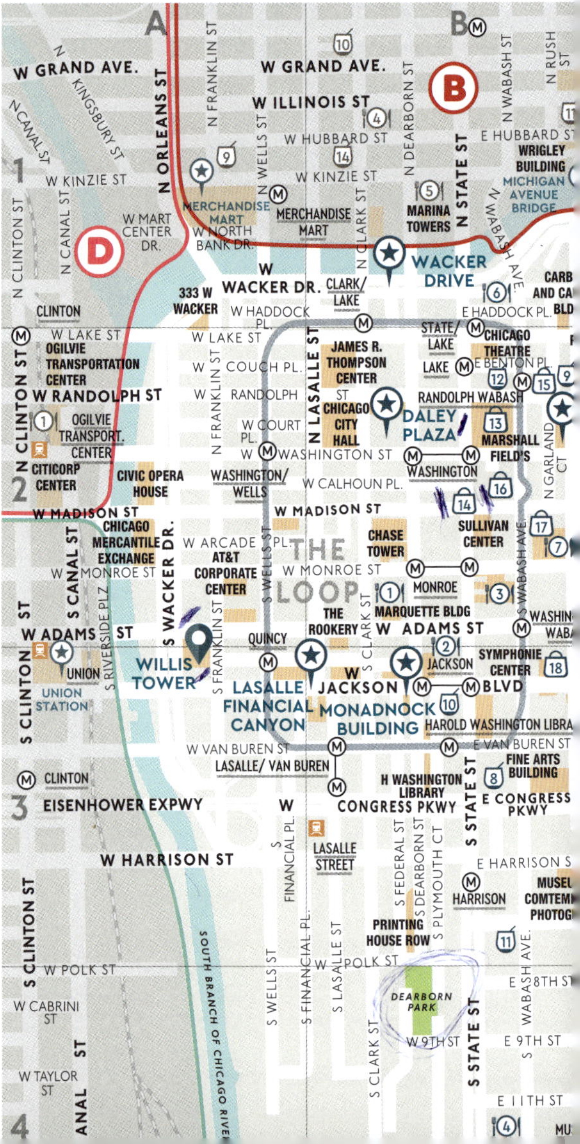

A

The Loop

Le Loop, quartier des affaires de Chicago, tient son nom des boucles que décrivent, en le contournant, les lignes de chemin de fer qui relient le centre-ville à la périphérie. Ses rues et ses édifices racontent l'histoire de la ville qui a vu naître le gratte-ciel, et donnent une idée de l'ambition qui, au XIXe s., a présidé à sa prodigieuse expansion.
Parmi les joyaux architecturaux : côté ouest, la géante Willis Tower, le sublime Rookery au cœur du LaSalle Financial Canyon, le vénérable Monadnock Building et, côté est, les façades de Michigan Avenue, tournées vers Millennium Park et, au-delà, vers le lac Michigan.

Miller's Pub

Intelligentsia Coffee

RESTAURANTS

Revival Food Hall
B2 (1)
Au cœur du quartier des affaires, ce *food court* local met en avant le meilleur de la scène culinaire de Chicago, en passant du *poke* à la nourriture indonésienne sans oublier les *empanadas* et les burgers. À partir de 8$.
→ *125 South Clark St Tél. 773 999 9411 Lun.-ven. 8h-19h en été (lun.-ven. 10h-16h le reste de l'année) www.revivalfoodhall.com*

Berghoff Restaurant
B2 (2)
Ce classique plus que centenaire fut le premier à obtenir une licence après la prohibition, encore affichée sur le mur derrière le bar. D'excellents sandwichs, mais aussi des spécialités germaniques plus élaborées : *Schnitzel*, choucroute et *Bratwurst* (saucisses). Plat 12,95-23,95$.
→ *17 W Adams St / State St Tél. 312 427 3170 Mar.-sam. 12h-19h30*

Miller's Pub B2 (3)
Une institution ! Leurs travers de porc (*BBQ Ribs*), fameux dans toute la ville, sont encore meilleurs accoudé au comptoir, devant une bière pression et un match des Chicago Bears ! Plat 15-47,50$.
→ *134 S Wabash Ave. / Adams St Tél. 312 263 4988 Mer.-dim. 11h30-2h*

Eleven City Diner
B4 (4)
Ce "deli" suscite l'engouement, avec ses sandwichs au pastrami, ses milk-shakes et son *egg cream* (une boisson au chocolat, lait et eau gazeuse, sans œufs ni crème !). Et aussi ses *latkes* au saumon fumé, une spécialité juive. Plat 10-25$.
→ *1112 S Wabash Ave. (11th) Tél. 312 212 1112 Lun.-ven. 9h-15h, w.-e. 8h30-15h30*

Giordano's C2 (5)
C'est LA spécialité de Chicago : la fameuse *deep dish pizza* ! La recette ? Pâte épaisse, sauce tomate, fromage et pepperoni. Très nourrissante, n'hésitez pas à prendre une pizza pour 2. Une dizaine d'adresses en ville. Pizza 16-25$.
→ *130 E Randolph St, Tél. 312 616 1200 Tlj. 11h-23h giordanos.com*

Emerald Loop B1 (6)
Bar-gril américain du centre-ville, ce pub propose de la bière locale, irlandaise et des cocktails artisanaux. Une adresse simple et efficace, pour tous les goûts. Plat 17-25$.

Buddy Guy's Legends

Iwan Ries

Chicago Architecture Foundation Store

→ *216 N Wabash Ave Tél. 312 263 0200 Tlj. 11h30-2h emeraldloop.com*

The Gage B2 7
Face à Millennium Park, dans un édifice (1890) signé Louis Sullivan, ce beau gastropub sert des plats de brasserie variés : salade au confit de canard, poutine canadienne, onglet aux amandes et oranges... Large choix de vins et de bières. Plat 17-54$.
→ *24 S Michigan Ave. / Madison St Tél. 312 372 4243 Lun.-ven. 11h-23h, w.-e. 10h-1h (22h dim.)* ***Bar*** *Tlj. jusqu'à 0h (2h sam., 23h dim.)*

CAFÉS, BARS

Cafecito Chicago B3 8
Cafés serrés, milk-shakes et snacks variés dans ce café cubain. À découvrir : le sandwich "cubano", servi avec des frites de banane plantain, à tremper dans un houmous au piment *jalapeño*.
→ *26 E Congress Pkwy / State St Tél. 312 922 2233 Lun.-ven. 7h-21h, w.-e. 10h-18h*

Intelligentsia Coffeebar B2 9
Boissons et délicieuses pâtisseries, dans un spacieux décor post-industriel.
→ *53 E Randolph St / Michigan Ave. Tél. 312 920 9332 Tlj. 7h-19h*

Plymouth B3 10
Un *rooftop* ouvert toute l'année ! Avec vue sur le Harold Washington Library Center, on y prend un verre en fin de journée, accompagné d'un burger pour les grosses faims ou d'*appetizers* pour se mettre en appétit.
→ *327 S Plymouth Ct au 3ᵉ étage du building Tél. 312 362 1212 Mer.-sam. 16h (15h ven.-sam.)-0h*

CONCERTS, SPECTACLES

Buddy Guy's Legends B3 11
Depuis 1989, une référence : ce club est tenu par Buddy Guy, l'un des plus grands guitaristes de l'histoire du blues.
→ *700 S Wabash Ave. / Balbo Dr. Tél. 312 427 1190 Mer.-dim. 17h-1h www.buddyguy.com*

Joffrey Ballet B2 12
Cette compagnie travaille avec les plus grands (Alvin Ailey, Twyla Tharp) et s'empare du répertoire russe. Elle se produit aussi à l'Auditorium Theatre, situé au 50 E Congress Parkway (**A** B3).
→ *10 E Randolph St / State St Tél. 312 739 0120 www.joffrey.org*

SHOPPING

Macy's B2 13
Ce grand magasin de la chaîne Macy's est connu pour sa verrière en mosaïque, le plus grand exemple de verre Tiffany au monde. Sur 9 étages, on y trouve tout : jouets, déco, mode, cosmétiques, etc. Un incontournable au moment de Noël pour admirer le sapin de plusieurs mètres de haut installé dans le building.
→ *111 N State St / Washington St Tél. 312 781 1000 Lun.-sam. 10h-21h*

State Street B2 14
Cette rue truffée de boutiques n'a rien à envier au Mag Mile (**B** C5). Plus détendue et meilleur marché, elle recense parmi les chaînes de vêtements et *department stores* les plus populaires : T. J. Maxx *(11 N State St)*, Urban Outfitters *(1100 N State St)*, VAN'S *(39 S State St)* et Old Navy *(150 N State St)*.
→ *Entre Randolph St et Jackson Blvd*

Gallery 37 Center for the Arts B2 15
Exposition et vente des œuvres de jeunes de 14 à 21 ans, réalisées avec des artistes locaux : théâtre, arts visuels, métiers de la table ou des médias.
→ *66 E Randolph St / Garland Ct Tél. 312 744 8925 Lun.-ven. 10h-18h, sam. 9h-16h30*

Reckless Records B2 16
Un disquaire polyglotte qui parle aussi les langues locales : Chicago Blues, Chicago *house*, Chicago *Juke*...
→ *26 E Madison St / Wabash Ave. Tél. 312 795 0878 Tlj. 10h-19h*

Iwan Ries B2 17
Niché au 2ᵉ étage d'un immeuble historique signé Adler Sullivan, un fabuleux débit de tabac (propriété d'une même famille depuis 5 générations !) aux murs tapissés de pipes et de cigares.
→ *19 S Wabash Ave. / Madison St Tél. 312 372 1306 Lun.-ven. 10h-17h30, sam. 11h-16h*

Chicago Architecture Foundation Store B3 18
Pour rapporter des reproductions de tableaux de Louis Sullivan, des dessous de verres de Frank Lloyd Wright ou un buste de Daniel Burnham.
→ *111 E Wacker Drive / E Jackson Blvd Tél. 312 922 8687 Tlj. 10h-17h*

Chicago Cultural Center

Millennium Park

Art Institute of Chicago

Buckingham Fountain

The Field Museum

classique de 1897
ta d'abord sous ses
coupoles en verre
emière bibliothèque
ique de la cité.
ernisé en 1977 et
sformé en centre
rel, il accueille expos,
tacles de danse, pièces
néâtre et concerts.
E Washington St
12 744 5000
h-17h

illennium Park C2
nagnifique parc de
a, ouvert en 2004 :
cile de ne pas
erveiller devant *La Porte*
uages d'Anish Kapoor,
ntaine multimédia de
e Plensa et les scènes
couvertes étincelantes
de Frank Gehry.
→ *201 E Randolph St*
Tlj. 8h-21h

Art Institute of Chicago C2
L'un des plus prestigieux musées du monde, grâce notamment à sa collection d'œuvres impressionnistes et post-impressionnistes. À voir, la Modern Wing (2009) de Renzo Piano, toute en transparences.
→ *111 S Michigan Ave.*
Tél. 312 443 3600
Jeu.-lun. 11h-17h Tarif 25$

★ **Buckingham Fountain** C3
Grand Park, ce sont 129 ha d'espaces verts en bord de lac ! La vedette des lieux ? La fontaine Buckingham, créée par Edward Bennett (1927) et inspirée du bassin de Latone de Versailles. Cette gigantesque vasque en marbre rose de 85 m de diamètre symbolise le lac Michigan. Les chevaux représentent les États riverains : Illinois, Wisconsin, Indiana et Michigan.

Museum Campus C4
Un parc de 23 ha et trois musées de classe mondiale.
→ *1200-1400 S Lake Shore Dr.*

John G. Shedd Aquarium
Près de 22 000 animaux aquatiques ! Ne pas manquer le spectacle de dauphins de l'Oceanarium, ni les requins de la Wild Reef (une barrière de corail reconstituée).
→ *Tél. 312 939 2438*
Horaires variables, à consulter sur le site internet Tarif 39,95$

The Field Museum
Depuis 1893, un musée d'histoire naturelle. Clou de la visite : le squelette du tyrannosaure Sue !
→ *Tél. 312 922 9410*
Tlj. 9h-17h Tarif 27-40$

Adler Planetarium
Deux superbes salles de projection et une exposition interactive.
→ *Tél. 312 922 7827 Tlj. 9h-16h (22h mer., w.-e.) Tarif 19-35$*

Navy Pier

The Magnificent Mile

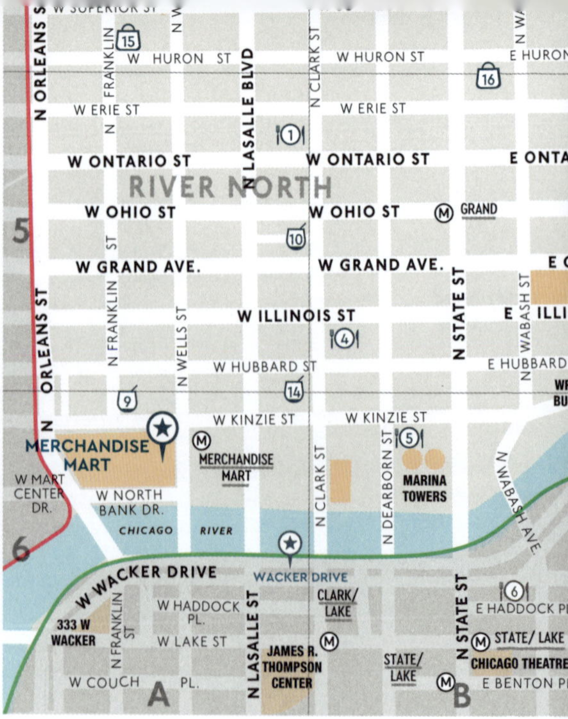

★ **Merchandise Mart** A6
Élevée dans les années 1930, cette forteresse Art déco de 25 étages était le plus grand édifice du monde jusqu'à ce que le Pentagone ne conquît le titre 11 années plus tard. Seuls les deux premiers étages sont ouverts au public : showrooms, restaurant et magasins de grossistes.
→ *222 Merchandise Mart Plaza Tél. 312 527 7600* ***Boutiques*** *Lun.-ven. 9h-17h*

★ **Michigan Avenue Bridge** C6
En plein cœur de la ville, un pont sur la Chicago River, idéal pour s'offrir une vue panoramique de Chicago. Au sud apparaissent les façades bordant Millennium Park. À l'est, le lac Michigan et au nord, le Magnificent Mile, s'étirant entre le Wrigley Building et la Tribune Tower.
→ *Michigan Ave. / E Wacker Drive*

★ **Tribune Tower** C5
Hérissée de flèches et soutenue par de puissants contreforts, cette tour néogothique (1925, John Howell et Raymond Hood) abrite les bureaux du *Chicago Tribune*. Encastrées dans le mur extérieur, 136 pierres de sites célèbres, rapportées par les correspondants du journal : le Parthénon, Fort Alamo, la Cité interdite ou le Taj Mahal !
→ *435 N Michigan Ave.*

Navy Pier D2
Bâtie en 1916, cette jetée accueillit un terminal de fret et de passagers avant de servir de base d'entraînement navale puis de devenir l'attraction touristique la plus visitée de l'État. Sur plus d'un kilomètre : magasins et restaurants, espaces verts, cinéma IMAX, salle de bal, musée dédié aux enfants, grande roue, etc. !
→ *600 E Grand Ave.*
Tél. 312 595 7437 Dim.-jeu 10h-20h, ven.-sam. 11h-2

★ **The Magnificent Mile** C5
Comptoir commercial a début du XXe s., aujourc avenue la plus prestigie de Chicago ! Réputée p ses boutiques de luxe e ses lieux de sortie, cett portion de Michigan Avenue fut baptisée "Magnificent Mile" (ou "Mag Mile") dès 1947.
→ *300-900 N Michigan A (entre Chicago River et Oa*

★ **Water Tower / Pumping Station** C4
Une tour (1869) et sa station de pompage (1866), rares constructi

Merchandise Mart

Michigan Avenue Bridge

B

River North / Streeterville / Gold Coast

Passée la Chicago River, s'étendent quelques-uns des quartiers les plus élégants de la ville. À l'ombre de la Tribune Tower, Michigan Avenue est flatteusement baptisée Magnificent Mile et aligne les boutiques haut de gamme et les hôtels de luxe. Côté ouest, le strass cède la place au charme post-industriel de River North et de ses vieux hangars réaménagés en galeries d'art. Côté est, une forêt de gratte-ciel signale Streeterville et s'étire jusqu'au lac et au Navy Pier. Au nord de Chicago Avenue, le quartier résidentiel et huppé de Gold Coast abonde en demeures historiques.

Portillo's

Topoloba

RESTAURANTS

Portillo's A5 ①
Les hot dogs "Chicago Style" sont un must, mais les burgers, les sandwichs italiens au bœuf et le gâteau au chocolat n'ont rien à leur envier.
Plat 6-15$.
→ *100 W Ontario St / Clark St*
Tél. 312 587 8910 Tlj. 10h-23h

RL B4 ②
Une table signée Ralph Lauren. Au menu, rien que des classiques, exécutés à la perfection : côtelettes, steaks, salades et sandwichs BLT (*bacon, lettuce and tomato*).
Plat 25-58$.
→ *115 E Chicago Ave. / Michigan Ave.*
Tél. 312 475 1100 Tlj. 11h-23h

Blue Door Kitchen & Garden B3 ③
Dans un cottage en pleine ville, Art Smith, ancien cuisinier d'Oprah Winfrey, met en lumière les produits de la ferme. Sa spécialité ? Le *fried chicken and waffles* (poulet frit et gaufres) ! Une étonnante association servie au brunch du week-end. Patio très agréable ouvert en été. Réserver.
Plat 16-48$.
→ *52 W Elm St / Dearborn St*
Tél. 312 573 4000
Tlj. 11h-21h
***Brunch** Tlj. 11h-14h*

Frontera Grill / Topolobampo B5 ④
Les deux restaurants mexicains du chef Rick Bayless, grand apôtre de la cuisine bio. Ne pas manquer les *tacos al carbón* du Frontera : viandes grillées au charbon de bois, servis avec une sauce maison, du guacamole et des tortillas fraîches. Plat 19-32$. Ambiance et menu plus raffinés au Topolobampo. Réservation obligatoire. Menu 145$.
→ *445 N Clark St / Hubbard St*
Tél. 312 661 1434
***Frontera Grill** Mar.-ven. 11h30-14h, 16h30-21h (22h ven.) ; w.-e. 10h30-14h, 16h-22h (21h dim.)*
***Topolobampo** Mer. 18h30-22h, jeu.-dim. 17h30-23h*

Harry Caray's Italian Steakhouse B6 ⑤
Steakhouse historique, le building a appartenu à la mafia italienne ! Faites un petit détour par le sous-sol : il y a un petit musée à la mémoire d' Al Capone. Excellente carte des vins et desserts.
Menu midi 25-40$.
→ *33 W Kinzie St/ Dearborn St*
Tél. 312 828 0966
Tlj. 11h30-22h (23h ven.-sam.)

NoMI Kitchen B4 ⑥
S'asseoir près des hautes baies vitrées pour savourer cuisine de saison ou

Lux Bar

The Signature Lounge

American Girl Place

sushis. Vue imprenable sur la Water Tower et agréable terrasse en été. Petit déj. complet 32$; plat 12-24$ (déj.), 30-50$ (dîner).
→ *Park Hyatt, 7e étage 800 N Michigan Ave. / Chicago Ave.*
Tél. 312 239 4030
Tlj. 11h30-14h, 17h30-22h
***Petit déj.** Tlj 6h30 (7h w.-e.)-11h*

TRU C5 (7)
Œuvres d'art moderne et banquettes de velours bleu dans un cadre élégant. Au menu, entre trois et neuf plats de saison, audacieux tant dans les saveurs (joue et ris de veau) que dans la présentation. Carte des vins hyperbolique. Veste de rigueur. Menu 125-158$.
→ *676 N St. Clair St / Erie St*
Tél. 312 202 0001
Lun.-jeu. 18h-22h, ven.-sam. 17h30 (17h sam.)-23h

Maple & Ash B3 (8)
Lieu extravagant avec restaurant haut de gamme et bar dancing à l'étage dans un cadre chic et chaleureux. Spécialités de fruits de mer et caviars. Essayez la *fire roasted seafood tower*. Le bar lounge propose une incroyable sélection de martinis. Plat 32-220$, menu découverte 200$.
→ *8 W Maple St / State St*
Tél. 312 944 8888 Tlj. 12h (10h sam. ; 11h dim.)-22h

BARS, CLUB

Gilt Bar A6 (9)
Ce bar est surtout connu pour son sous-sol, The Library, ancien *speakeasy* : velours rouge, bougies vacillantes et cocktails sont au menu.
→ *230 W Kinzie St*
Tél. 312 464 9544
Tlj. 16h-22h30
***The Library** jeu.-sam. 16h-22h30 (pas de réservation)*
www.giltbarchicago.com

Blue Chicago A5 (10)
Un petit bar dans son jus où les clients se pressent au fond de la salle pour écouter les formations locales de bluesmen et en particulier de blueswomen.
→ *536 N Clark St*
Tél. 312 661 0100 Mer.-dim. 20h-1h30 (2h30 sam.)
www.bluechicago.com
Entrée 12$ (15$ ven.-sam.)
Âge minimum 21 ans

Billy Goat Tavern C5 (11)
Une taverne légendaire, adulée pour ses cheeseburgers !
→ *430 N Michigan Ave., niveau inférieur / Hubbard St*
Tél. 312 222 1525
Lun.-sam. 7h-1h (2h ven. ; 3h sam.), dim. 10h-0h

Lux Bar B3 (12)
Cocktails et miniburgers (*Gold Coast sliders*) dans un décor aux faux airs de café viennois.
→ *18 E Bellevue Pl. / Rush St*
Tél. 312 642 3400
Tlj. 11h (9h w.-e.)-0h

The Signature Lounge C4 (13)
Un bar au 96e étage du John Hancock Center, pour siroter un Windy City Martini ou un Magnificent Mile Manhattan et profiter de vues vertigineuses.
→ *John Hancock Center, 875 N Michigan Ave.*
Tél. 312 787 7230
Mer.-dim. 15h-0h (1h w.-e.)

Disco A5 (14)
Night-club à l'ambiance glamour et psychédélique des 70's. Sonorités funk, soul et *latin house* y sont mixées par les meilleurs DJ du moment.
→ *111 W Hubbard St/ Clark St*
Tél. 312 828 9000
Jeu.-sam. 21h-4h (5h sam.)

SHOPPING

Gallery District A4 (15)
D'anciens entrepôts réhabilités en galeries d'art : Jean Albano, Zolla/ Lieberman, Stephen Daiter, Alan Koppel Gallery, etc.
→ *W Chicago Ave., W Ontario St, N Wells St, N Orleans St*

Ikram B4 (16)
Grands de la haute-couture comme Chanel et stylistes plus jeunes comme Isabel Toledo et Thakoon.
→ *15 E Huron St / Wabash St*
Tél. 312 587 1000
Lun.-sam. 10h-18h

Magnificent Mile C5 (17)
Sur cette portion de Michigan Ave., entre Chicago River et Oak St, plus de 400 boutiques de luxe : Neiman Marcus, Bloomingdale's, Bottega Veneta, Vuitton, Saks, Tiffany, Ralph Lauren, etc.
→ *300-900 N Michigan Ave.*

Oak Street B3 (18)
Une "annexe" du Mag Mile : Paul Stuart, Prada, Jimmy Choo, Hermès, et les joailliers Graff et David Yurman.

American Girl Place C4 (19)
Des poupées ultra *girly* et tout pour les bichonner : coiffure, manucure, bijoux mais aussi onguents, bandages et béquilles !
→ *Water Tower Place, 835 N Michigan Ave. / Chestnut St Tél. 877 247 5223*
Dim.-ven. 11h-18h, sam. 10h-19h

Coulsons Music C4 (20)
Un magasin de partitions de musique qui couvre tous les styles, tous les niveaux et tous les instruments !
→ *900 N Michigan Ave. / Delaware Pl. Tél. 312 461 1989*
Lun.-sam. 10h-20h (19h sam.), dim. 12h-18h

Water Tower

Museum of Contemporary Art

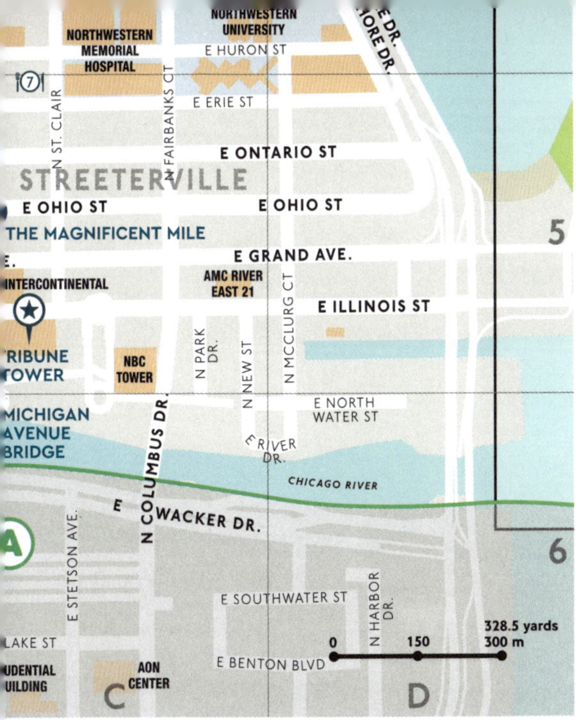

Newberry Library

Astor Street

ées William Boyington (un premiers grands itectes de Chicago) ore debout. Grâce à aisseur de leurs murs, s furent parmi les les à être épargnées l'incendie de 1871. nt également survécu sarcasmes d'Oscar le, ces édifices furent vés de la démolition à reprises grâce à la bilisation des habitants quartier.
06 / 811 N Michigan Ave.

Museum of temporary Art C4
au Berlinois Josef Paul hues, cet austère bâtiment de 4 étages (1997) abrite une collection d'art contemporain : Alexander Calder, Sol LeWitt, Richard Long, Cindy Sherman, Jeff Koons, etc.
→ 220 E Chicago Ave. Tél. 312 280 2660 Mar.-dim. 10h-17h (21h mar.) Tarif 15$

★ John Hancock Center C4
Un géant d'aluminium et d'acier, haut de 343 m et réalisé par Bruce Graham. Vue imprenable du bar du 96e étage comme de l'observatoire du 94e, le "360 Chicago", avec ses fenêtres qui s'inclinent à 45° au-dessus du vide. Vertigineux !
→ 875 N Michigan Ave. Tél. 875 8439 (Observatoire) Tlj. 9h-21h (23h ven.-sam.) Tarifs à partir de 30$

★ Newberry Library B3
La résidence de l'homme d'affaires Walter Loomis Newberry qu'il transforme en 1887, en l'une des plus grandes bibliothèques privées du monde : collection impressionnante de cartes, de livres anciens et de manuscrits provenant d'Europe et d'Amérique.
→ 60 W Walton St Tél. 312 943 9090 Mar.-sam. 10h-19h (17h ven.-sam.) ***Visite guidée*** *Jeu. 13h, sam. 10h30*

★ Astor Street B1
Cette rue forme un véritable musée à ciel ouvert d'architecture résidentielle (fin XIXe s. essentiellement). Au n° 1365 : la Charnley-Persky House (1892), dessinée par Frank Lloyd Wright à ses débuts (dans le style Prairie School). Au n° 1200, un immeuble emblématique de l'école de Chicago et, au n° 1444, le plus bel exemple d'Art déco du secteur : l'Edward P. Russell House (1929). Dans le même quartier, au 1340 N State St : la maison du fondateur de *Playboy*, Hugh Hefner.
→ Entre E North Blvd et E Division St

Lincoln Park Zoo

Peggy Notebaert Nature Museum

★ Old Town Triangle District C6
Dans les années 1900, Old Town fut l'un des premiers quartiers du pays à bénéficier d'un plan de restauration à grande échelle : celui-ci sauva de nombreux bâtiments historiques et transforma cet ancien quartier ouvrier en un lieu à la mode.
→ N Lincoln Ave., W North Ave., N Clark St

★ Lincoln Park C5
Nommé en l'honneur du Président Lincoln peu après son assassinat en 1865, ce parc était à l'origine un cimetière. Dès 1875, la majorité des tombes avaient été déplacées et il fallut 80 ans pour renouveler entièrement ses 485 ha. On y visite aujourd'hui le dernier zoo gratuit du pays.

★ Chicago History Museum C6
Qu'on se le dise : la fermeture Éclair, la grande roue, les patins à roulettes et la peinture au pistolet furent tous inventés à Chicago ! Plusieurs millions d'objets répartis en huit sections : arts décoratifs, costumes, etc. En plus du lit de mort d'Abraham Lincoln, le musée se targue d'une des plus grandes collections de documents architecturaux du pays.
→ 1601 N Clark St
Tél. 312 642 4600
Mar.-sam. 9h30-16h30, dim. 12h-17h Tarif 19$

★ Abraham Lincoln Monument D6
Considéré comme le chef-d'œuvre du sculpteur Augustus Saint-Gaudens (1848-1907), ce bronze de 1887 représente Abraham Lincoln alors qu'il semble sur le point de prendre la parole.
→ W LaSalle Drive

★ Lincoln Park Zoo C5
Tout a commencé en 1868 avec un cadeau de la ville de New York : deux cygnes de Central Park. 140 ans plus tard, le zoo abrite plus de 1 100 animaux et 200 espèces. Un bois de 1 ha permet aux enfan de se promener au milieu des loups rouges, des loutres et des ours. À voir aussi, le gigantesque enc des singes et l'aile africai où l'on découvre des chie sauvages et un adorable hippopotame pygmée.
→ 2001 N Clark St
Tél. 312 742 2000
Avr.-mai, sep.-oct. : tlj. 10h- juin-août : tlj. 10h-17h (18h30 w.-e.) ; nov.-mars : tlj. 10h-16h30

★ Peggy Notebaert Nature Museum C5
Inauguré en 1999, un mu interactif pour initier les enfants au monde nature

Old Town Triangle District

Chicago History Museum

Abraham Lincoln Monument

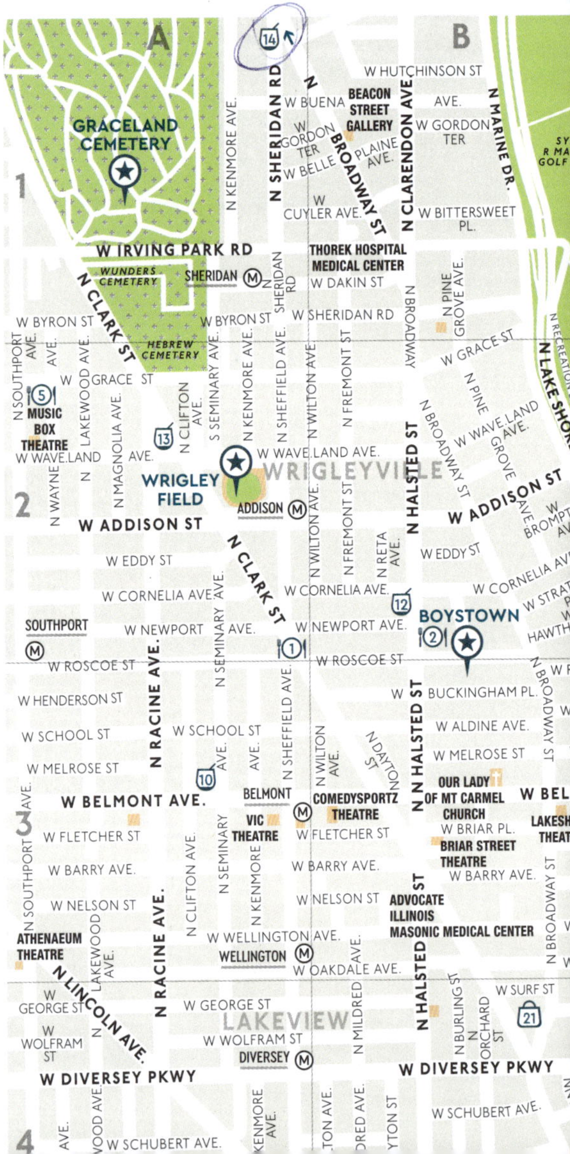

C

Old Town / Lincoln Park / Lakeview

Après avoir longtemps accueilli des ouvriers d'origine allemande, Old Town fut un des premiers secteurs à bénéficier d'un programme de restauration systématique. Résultat : devenu très en vogue, il rivalise aujourd'hui avec la Gold Coast. Au nord, les immeubles flambant neufs et les bars animés de Lincoln Park attirent les jeunes cadres dynamiques. Encore plus au nord, Lakeview mêle les genres : sportif autour du stade de Wrigley Field, gay à Boystown, punk près de Clark St et Belmont Ave.

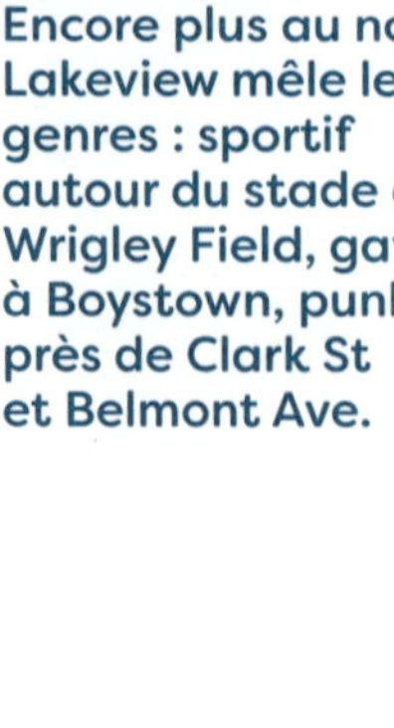

Pick Me Up Café

RESTAURANTS

Pick Me Up Café A2 (1)
Funky, relax, ouvert tard (presque non-stop le week-end !), ce délicieux *diner* au sud de Wrigley Field sert même un menu végétarien. Plat 5,50-15$.
→ 4882 N Clark St / Roscoe St Tél. 773 248 6613 Lun.-ven. 10h-22h, w.-e. 8h-23h (22h dim.)

Chicago Diner B2 (2)
Recrutant sa clientèle parmi les *vegans* et les crudivores, ce restaurant maintes fois élu meilleur végétarien de la ville séduit aussi les carnivores avec son *Reuben sandwich*. Bières bio et milk-shakes végétaliens. Plat 11-17$.
→ 3411 N Halsted St / Roscoe St Tél. 773 935 6696 Lun.-mar. 12h-20h, jeu.-ven. 11h-22h, w.-e. 10h-22h (20h dim.)

Nookies C6 (3)
Depuis 1973, la maison mère d'une affaire familiale réputée pour son petit déjeuner avec pancakes, gaufres et même crêpes ! Et aussi, des plats typiquement US ou d'inspiration internationale, tous faits maison. Adhère au B.Y.O.B. ("*bring your own bottle*"). Autres adresses en ville. Plat 10-20$.
→ 1746 N Wells St. / W Willow St Tél. 312 337 2454 Tlj. 7h-15h (16h sam.)

Summer House Santa Monica B6 (4)
L'endroit idéal pour profiter du soleil toute l'année. Ce restaurant propose des menus d'inspiration californienne composés d'ingrédients du marché. Petit plus, son comptoir boulangerie et son café... Que demander de plus ? Plat 15-25$.
→ 1954 N Halsted St Tél. 773 634 4100 Lun.-ven. 11h-22h (23h ven.), w.-e. 9h-23h (21h dim.)

Tango Sur A2 (5)
Une *steakhouse* argentine souvent comble, grâce à ses succulentes pièces de bœuf à des prix plus que raisonnables. Apporter son vin. Plat 17-34$.
→ 3763 N Southport Ave. / Grace St Tél. 773 477 5466 Lun.-ven. 17h-22h30 (23h30 ven.), sam. 15h-23h30, dim. 12h-23h

Boka B6 (6)
Un bel écrin éclectique (mur végétal, lustres, fauteuils en cuir) pour un chef étoilé, Giuseppe Tentori. La côte de bœuf aux prunes et la soupe de radis rivalisent de saveurs ! Plat 28-57$.
→ 1729 N Halsted St / Willow St Tél. 312 337 6070 Tlj. 17h-21h (22h ven.-sam.)

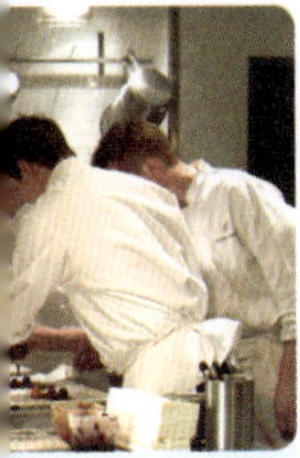
Alinea

Bittersweet

Paper Source

North Pond C4 (7)
Au bord d'un étang, une belle vue sur la *skyline*. Pour ses menus de saison, le chef Bruce Sherman fait appel à des producteurs locaux. Certains classiques demeurent : lentilles et côte de porc au lard. Menu 110$, brunch 49$.
→ *2610 N Cannon Dr. / Fullerton Pkwy Tél. 773 477 5845 Jeu.-sam. 17h30-20h (21h ven.-sam.) ; dim. 10h30-13h, 17h30-20h*

Alinea B6 (8)
La table de Grant Achatz, régulièrement classée parmi les 10 meilleurs restaurants au monde ! Les 18 plats se suivent comme autant de tableaux... Un vrai spectacle ! Réserver au moins 2 mois à l'avance. Menu à partir de 295$.
→ *1723 N Halsted St / Willow St Tél. 312 867 0110 Tlj. 17h-22h*

CAFÉS, BARS, CONCERTS, CLUBS

Bourgeois Pig Café B5 (9)
Un tantinet vieillot, ce sympathique café de Lincoln Park propose salades, sandwichs et desserts maison. Quelques tables dehors.
→ *738 W Fullerton Pkwy / Burling St Tél. 773 883 5282 Tlj. 8h-20h*

Bittersweet A3 (10)
Époustouflant assortiment de pâtisseries, servies sur des tables en marbre ! L'occasion rêvée de découvrir le *cheesecake* national.
→ *1114 W Belmont Ave. / Clifton Ave. Tél. 773 929 1100 Mer.-dim. 8h-14h*

Old Town Ale House C6 (11)
Cet authentique *dive* (bar malfamé d'autrefois) a de la personnalité à revendre ! Au mur, des portraits d'habitants de Chicago et des scènes licencieuses, de la main du propriétaire. Bon mix de standards jazz et soul au jukebox.
→ *219 W North Ave. / Wells St Tél. 312 944 7020 Tlj. 15h-4h (5h sam.)*

Elixir Lounge B2 (12)
Ce petit bar-lounge offre des cocktails sophistiqués dans une ambiance *cozy*.
→ *3452 N Halsted St / Cornelia Ave. Tél. 773 975 9244 Mer.-dim. 17h-2h (4h ven. ; 5h sam. ; 0h dim.)*

Smart Bar A2 (13)
Pas de *dress code* ni de tube pop dans ce club *hype* : *house* certifiée locale, *break beats* comme à Londres, techno à la mode de Detroit, *Miami bass, french touch*...
→ *3730 N Clark St / Racine Ave. Tél. 773 549 4140 Jeu.-dim. 22h-4h (5h sam.)*

Green Mill Cocktail Lounge hors plan A1 (14)
Aujourd'hui célèbre pour ses jams nocturnes et ses sessions de slam, cet ancien *speakeasy*, jadis repaire d'Al Capone, a conservé les tunnels qu'empruntait son gang pour échapper à la police.
→ *4802 N Broadway St Mº Lawrence Tél. 773 878 5552 Tlj. 17h-1h*

SPECTACLES

The Second City C6 (15)
Depuis 1959, ce théâtre a lancé un grand nombre de carrières de comédiens, comme Mike Myers, Bill Murray, John Belushi. Chacune des deux scènes a sa troupe attitrée qui y livre derniers sketches (“*skit*”) et improvisations.
→ *1616 N Wells St / North Ave. Tél. 312 337 3992 www.secondcity.com*

Up Comedy Club C6 (16)
Fondée en 2012 et vite adoptée par un public chicagoan rompu à l'exercice, une autre scène pour le stand up, les sketches et l'impro.
→ *230 W North Ave. / Wells St Tél. 312 662 4562 upcomedyclub.com*

SHOPPING

Armitage Ave. A6-C6
Haut lieu du shopping, cette avenue aligne les boutiques de mode féminine et quelques spas.
→ *Entre Racine Ave. et Halsted St*

Bliss & Belle Boutique A6 (17)
Mode féminine, accessoires, souvenirs...
→ *Nº 1011 Tél. 773 687 9979*

Art Effect B5 (18)
Accessoires *arty* variés : déco, vêtements, etc.
→ *Nº 934 Tél. 773 929 3600*

Paper Source B6 (19)
Papeterie de luxe et jolies cartes.
→ *Nº 919 Tél. 773 525 7300*

Lori's Discount Designer Shoes B5 (20)
Une boutique prisée : chaussures *fashion* à prix compétitifs et gamme de stylistes italiens.
→ *Nº 824 Tél. 773 281 5655*

Gramaphone Records B4 (21)
Une sélection affutée de vinyles et CD électro : *house, ghetto, nu-disco*...
→ *2843 N Clark St / Diversey Pkwy Tél. 773 472 3683 Jeu.-dim. 12h-18h*

North Avenue Beach

Elks Veterans Memorial

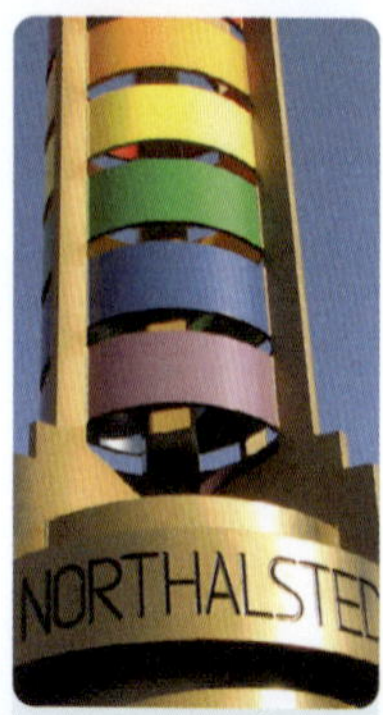

Boystown

Wrigley Field

Graceland Cemetery

a vie des rivières aux cris bêtes sauvages ! À voir, nctuaire des papillons, ses 75 espèces.
430 N Cannon Drive
73 755 5100
0h-16h Tarif 9$

★ orth Avenue ch D6
lus fréquentée des es de Chicago, et le leur endroit où assister tournoi de volley-ball. une belle vue sur le lac owntown, déjeuner sur it de l'étonnante Beach se (2 000 m²), en forme ateau. Plus au sud, Oak each mérite également longeon et un bain oleil...

★ Elks Veterans Memorial C4
Doté d'une immense rotonde en marbre, un mémorial élevé aux membres de la fraternité patriotique Elks morts pour leur patrie. Au sous-sol : une étonnante collection de souvenirs accumulés par la communauté.
→ *2750 N Lakeview Ave.*
Tél. 773 755 4876
Mi-avr.-mi-nov. : lun.-sam. 12h-16h

★ Boystown B3
North Halsted de son vrai nom, ce quartier est celui de la communauté LGBT de Chicago. Restaurants, bars, clubs par dizaines, et nombreuses manifestations et festivals.
→ *3200-3700 N Halsted*

★ Wrigley Field A2
Paré de sa célèbre bannière rouge et blanche, le stade des Chicago Cubs, lieu mythique du baseball américain ! Depuis 1914, il a été le théâtre de nombreux matchs, dont certains sont depuis entrés dans la légende. Score affiché manuellement, gazon authentique et murs couverts de lierre : autant dire qu'aux États-Unis, il fait figure d'antiquité ! Les alentours du stadium ont fait peau neuve, mettant en valeur son architecture et permettant une meilleure circulation des fans. La saison de base-ball s'étend de fin mars à octobre à un rythme de trois à cinq matchs par semaine.
→ *1060 N Clark St / W Addison St Tél. 773 404 2827*
-chicago.cubs.mlb.com

★ Graceland Cemetery A1
Parmi les illustres habitants de Chicago enterrés dans ce cimetière créé en 1860 : les architectes Daniel Burnham, Louis Sullivan et Mies van der Rohe, le milliardaire Marshall Field et le boxeur Jack Johnson.
→ *4001 N Clark St*
Tél. 773 525 1105 Tlj. 8h-16h

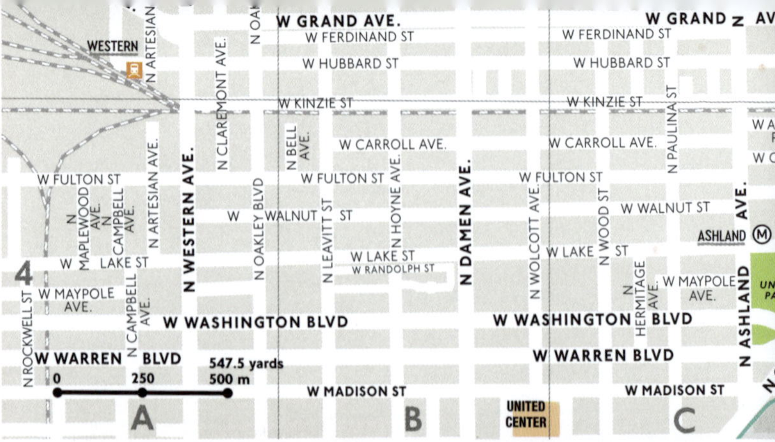

Ukrainian Institute of Modern Art

Ukrainian National Muse

★ The Bloomingdale Trail / The 606 A1
Cette ancienne voie de chemin de fer de 4,3 km a été convertie en voie verte : une promenade surélevée allant d'est en ouest et permettant de découvrir la ville sous un autre angle.
→ *W Bloomingdale Ave. (de Walsh Park à N Ridgeway Ave.) Nombreux accès le long du parcours Tlj. 6h-23h*

★ Six Corners Intersection B1
En vogue depuis les années 1990 grâce à l'installation d'une colonie d'artistes, ce quartier vit aujourd'hui une double existence, partagé entre la vie de bohème de ces premiers défricheurs et les habitudes un peu plus dépensières des jeunes et fringants yuppies arrivés dans leur sillage. Boutiques, cafés, restaurants, bars rock'n'roll et clubs *hype* foisonnent désormais à l'intersection de Milwaukee, Damen et North Avenues.
→ *W Milwaukee Ave. / N Damen Ave. / W North Ave.*

★ Wicker Park B1
Prêtant son nom au quartier, ce triangle de verdure est bordé de jolies maisons victoriennes, construites en partie après l'incendie de 1871. On trouvait parmi leurs propriétaires (des immigrants allemands et scandinaves, souvent aisés) des familles de brasseurs, ce qui valut à Hoyne Ave. le sobriquet de "Beer Baron Row" (la rue des barons de la bière). Après avoir perdu de son lustre dans les années 1960, le secteur, "boboïsé", est aujourd'hui l'un des plus courus.
→ *1425 N Damen Ave.*

★ Nelson Algren Fountain C2
Nelson Algren (1909-1981), l'auteur de *L'Homme au bras d'or*, a un jour comparé la beauté dure, imparfaite de Chicago à celle d'une "femme avec un nez cassé : on pourra trouve des mignonnes plus mignonnes, mais jamais une mignonne aussi vra Un instant passé autour de cette fontaine aidera à comprendre l'écrivain.
→ *Division St / Ashland Av*

★ Division Street B2
Au fil des années, la portion de Division Street située entre Ashla Ave. et Leavitt St a accue diverses communautés fut même un temps baptisée le Broadway polonais. En témoignent Gold Star Tavern, l'Allian Bakery ou le Rainbo Club autrefois fréquenté par

Six Corners Intersection

Wicker Pa

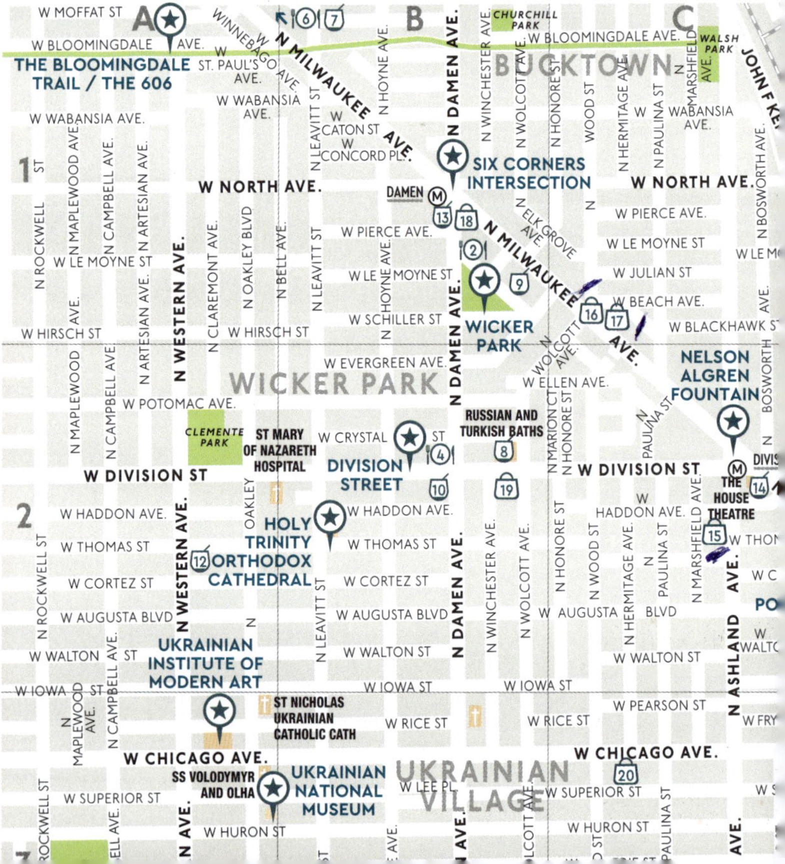

D

Bucktown / Wicker Park / Ukrainian Village

Terre d'accueil de plusieurs vagues d'immigration (polonaise, mexicaine, ukrainienne et portoricaine), l'ouest de Downtown a conservé ses maisons typiques de l'architecture résidentielle de Chicago. L'explosion de la scène artistique et musicale à Wicker Park a su donner un souffle nouveau à toute la zone, de Bucktown, au nord, à l'Ukrainian Village, au sud. Les bastions ethniques du passé y côtoient à présent les clubs sur Milwaukee Avenue. À l'écart, au sud-est, Randolph Street est devenue la principale artère gastronomique de la ville, colonne vertébrale du nouveau quartier en vogue : le West Loop.

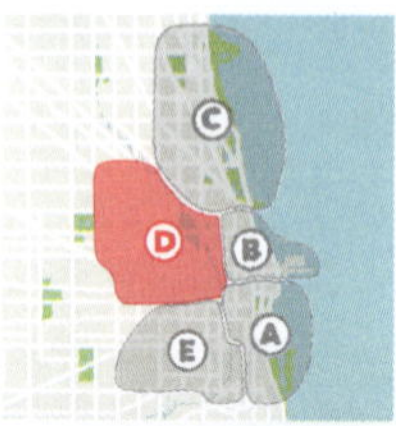

Big Star

Mirai S

RESTAURANTS

French Market F4 (1)
À l'ouest de la Chicago River, un marché local doublé de gargotes où manger sur le pouce : *phô* vietnamiens, *strudels* autrichiens, cornets de frites belges, crêpes bretonnes... À partir de 5$.
→ 131 N Clinton St / W Randolph St Tél. 312 575 0306 Lun.-ven. 7h-17h30 (18h30 mar.-ven.), sam. 9h-16h

Big Star B1 (2)
Ce bar à tacos et à tequila, sis dans une ancienne station-service, doit son renom à son chef, Paul Kahan. Excellents tacos à la poitrine de porc ou *tacos al pastor* (porc mariné cuit à la broche), à prix d'ami ! Taco 4-6$.
→ 1531 N Damen Ave. / Wicker Park Ave. Tél. 773 235 4039 Tlj. 11h30-22h (23h ven.-sam.)

Flo D3 (3)
Ce petit café funky sert l'un des brunchs les plus courus de la ville ! Fabuleux *burritos, huevos rancheros* et crêpes chocolat-banane. Plat 11-19$.
→ 1434 W Chicago Ave. / Bishop St Tél. 312 243 0477 Mar.-ven. 11h-21h (22h ven.), w.-e. 9h-22h (15h dim.)

Mirai Sushi B2 (4)
Miniature et minimaliste, le meilleur restaurant de sushis de Chicago ! Clientèle jeune et... manifestement emballée. Mieux vaut réserver. Sushi 8-22$; plat 11-29$.
→ 2020 W Division St / Damen Ave. Tél. 773 862 8500 Mar.-sam. 16h30-22h

Girl & The Goat E4 (5)
Stephanie Izard, lauréate de l'émission *Top Chef* locale, aime s'aventurer sur des terres peu défrichées. Pour ses préparations de viandes, poissons et légumes, tous en petites portions, on fait des kilomètres ! Raviolis aux escargots, tartare de canard, seiche grillée... Réserver. Plat 15-34$.
→ 809 W Randolph / Halsted St Tél. 312 492 6262 Tlj. 16h30-22h (23h ven.-sam.)

Irazú hors plan A1 (6)
Toutes les saveurs du Costa Rica dans une cantine simple et colorée : *casado* ou *el tico* (préparations à base de viande, riz, haricots noirs et banane plantain), plats végétariens (*salada de palmito*), petits déjeuners, milk-shakes aux flocons d'avoine... Taco 4$; *empanada* 4$; sandwich 11$; plat 16-22$.
→ 1865 N Milwaukee Ave. / Moffat St Tél. 773 252 5687 Mer.-sam. 11h30-21h

Girl & The Goat

Milwaukee Avenue

City Soles / Niche

CAFÉS

Margie's Candies
hors plan A1 7
Margie's se vante d'être le *diner* sucré le plus "cool" de Chicago : les Beatles sont passés par là, alors forcément... *Sundaes* irrésistibles.
→ *1960 N Western Ave. Tél. 773 384 1035 Tlj. 11h-23h*

Milk & Honey B2 8
Cheminée en hiver, tables en plein air en été... et accueil adorable en toute saison font le succès de ce petit café niché au cœur du quartier de Wicker Park. Excellents petits déjeuners, pâtisseries et *granola* maison, jus de fruits frais...
→ *1920 W Division St / Winchester Ave. Tél. 773 395 9434 Tlj. 8h-15h*

The Wormhole Coffee B1 9
Un décor de brasserie rustique des années 1980 pour cet établissement *hype*, très apprécié des amateurs de *roasted coffee*.
→ *1462 N Milwaukee Ave. Tél. 773 661 2468 Lun.-ven. 7h (8h)-21h*

BARS, CLUBS, THÉÂTRE

Rainbo Club B2 10
Depuis son ouverture en 1936, cette obscure taverne est devenue une vraie institution. Si les lieux ont peu changé, la clientèle est plus aisée que par le passé.
→ *1150 N Damen Ave. / Haddon Ave. Tél. 773 489 5999 Tlj. 16h-2h (3h sam.)*

Beauty Bar D3 11
Ce bar concept, où il est possible de se faire faire une manucure et de la laisser sécher sur le *dancefloor* en sirotant un cocktail, a débarqué à Chicago. Incontournable !
→ *1444 W Chicago Ave. Jeu.-dim. 19h (21h dim.)-2h www.thebeautybar.com*

The Empty Bottle
A2 12
Expérimentale, électro, indépendante... La musique y est au rendez-vous non-stop !
→ *1035 N Western Ave. / Cortez St Tél. 773 276 3600 Mer.-dim. 17h (16h ven.)-2h emptybottle.com*

The Subterranean
B1 13
Quand l'un des meilleurs *dive bars* rencontre le meilleur de la scène indépendante de Chicago, cela promet une expérience authentique. Programmation éclectique : rock, punk, grunge et reggae.
→ *2011 W North Tél. 773 278 6600*

Chopin Theatre
C2 14
Cet ancien cinéma de 1918 accueille désormais quelques-unes des meilleures compagnies de théâtre de Chicago, comme The House Theatre et The Hypocrites.
→ *1543 W Division / Ashland Ave. Tél. 773 278 1500 www.chopintheatre.com*

SHOPPING

Dusty Groove C2 15
Dans les rayons de ce disquaire encensé par la critique : jazz, funk, soul, hip-hop, reggae, bossa nova...
→ *1120 N Ashland Ave. / Haddon Ave. Tél. 773 342 5800 Tlj. 10h-18h*

Milwaukee Avenue C1 16
À côté des marques bien connues (Free People, Levi's store, Urban Outfitter, etc.), des petites boutiques de mode indépendantes, des friperies, des *barber shops* et des galeries d'artistes locaux.
→ *Entre Damen Ave. et Ashland Ave.*

Transit Tees C1 17
Magasin de souvenirs authentique, séduisant et local. Créée par deux Chicagoans, cette boutique rend hommage à la ville et tout ce qui fait son identité : son train, son métro, ses vélos...
→ *1371 N Milwaukee Ave Tél. 773 227 1810 Lun.-sam. 9h (11h sam.)-20h*

City Soles / Niche B1 18
Haut de gamme et tendance, chaussures, bijoux et sacs à main sélectionnés avec un flair infaillible.
→ *1816 N Milwaukee Ave. / North Ave. Tél. 773 489 2001 Dim.-ven. 12h-18h (17h dim.), sam. 11h-19h*

Penelope's B2 19
Hommes et femmes trouveront ici leur bonheur parmi les créations de stylistes prometteurs. Également de la déco funky, des bijoux, des cartes de vœux.
→ *1913 W Division St Tél. 773 395 2351 Mer.-lun. 11h-18h*

Alcala's Western Wear C3 20
Chemises brodées, chapeaux, boucles de ceinture et bottes... dans tous les cuirs imaginables.
→ *1733 W Chicago Ave. / Hermitage Ave. Tél. 312 226 0152 Dim.-jeu. 9h30-18h (17h dim.), ven.-sam. 9h30-18h*

Nelson Algren Fountain

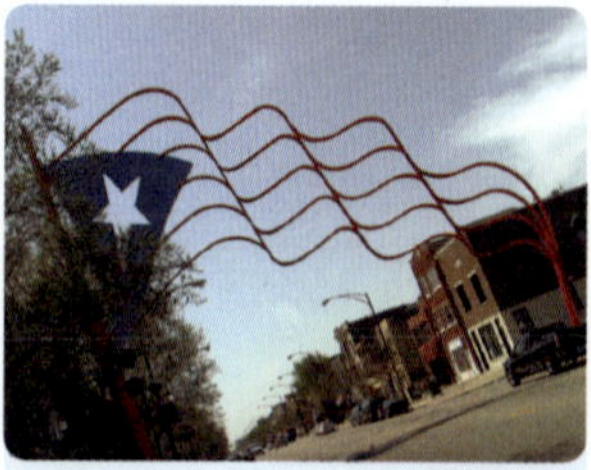

Division Street

Holy Trinity Orthodox Cathedral

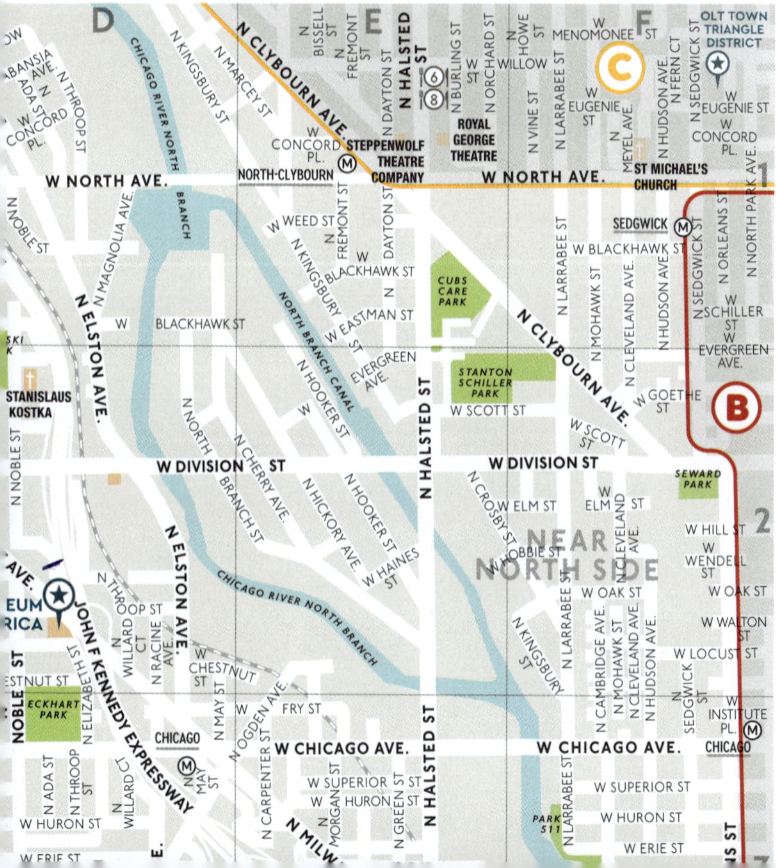

Polish Museum of America

Randolph Street

on Algren. Au n° 1914, nciens bains-douches es et turcs (1907).

oly Trinity odox Cathedral B2
ravissante église ée en 1899 grâce à un du tsar Nicolas II, sur plans de Louis Sullivan. sidéré comme son t le plus abouti, ce architectural se ngue avant tout par la té des intérieurs et la se des détails : noter ent en bois ouvragé essus du portail.
21 N Leavitt St
73 486 6064 Horaires bles ***Visite guidée*** *./mois 13h-14h*

★ **Ukrainian Institute of Modern Art** A3
Fondée en 1971, la plus grande collection au monde d'art moderne ukrainien : sculptures, peintures, installations multimédias.
Et régulièrement : concerts, conférences et expositions.
→ 2318 W Chicago Ave.
Tél. 773 227 5522
Mer.-dim. 12h-16h Tarif 5$

★ **Ukrainian National Museum** A3
Le quartier comptait jadis plus de 25 000 personnes originaires d'Ukraine ; il recèle encore nombre d'institutions et restaurants ukrainiens, et ce fascinant musée dédié à l'histoire du pays : *pysanky* (œufs de Pâques décorés), costumes, céramiques…
→ 2249 W Superior St
Tél. 312 421 8020
Jeu.-dim. 11h-16h Tarif 10$

★ **Polish Museum of America** D2
Un musée consacré à la communauté polonaise la plus importante en dehors de Varsovie, grâce à trois vagues d'immigration successives. Objets divers, œuvres d'art, costumes et une bibliothèque.
→ 984 N Milwaukee Ave.
Tél. 773 384 3352
Mar., jeu., sam. 11h-16h Tarif 10$

West Loop D4
Le nouveau quartier à la mode de Chicago ! Autrefois immense marché de matières premières, avec ses abattoirs et ses entrepôts démesurés, il est devenu l'un des secteurs les plus dynamiques de la ville : start-up, bars, boutiques *trendy*, hôtels de luxe… Mais aussi les meilleurs restaurants, concentrés sur Randolph St et Fulton Market, où les *foodies* se bousculent : le Time Out Market (*916 W Fulton Market*), un gigantesque *food court*, en est l'emblème.

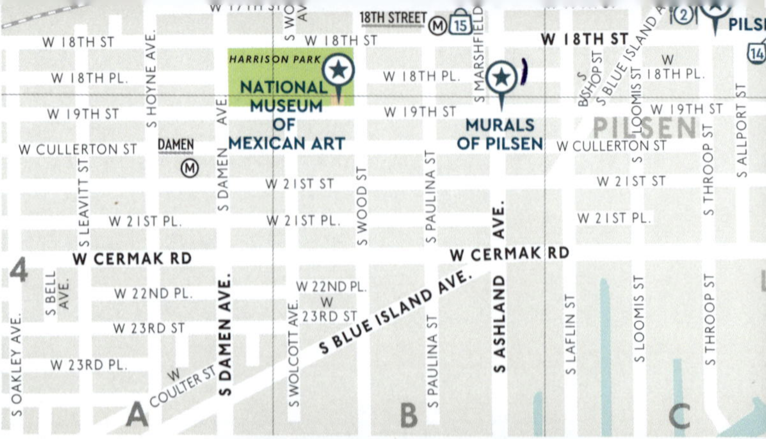

Pilsen

Murals of Pilsen

★ Greektown D1
Les immigrants grecs arrivés à Chicago dans les années 1840 s'installèrent à l'ouest de Downtown pour ne pas s'éloigner des entrepôts où ils travaillaient. En 1930, la communauté hellénique comptait 30 000 membres de première et seconde générations. Si Greektown est désormais un peu moins grecque que son nom ne l'indique, le quartier a conservé ses tavernes traditionnelles, concentrées sur South Halsted St.

★ Old St Patrick's Church E1
Bâtie de 1852 à 1856, miraculeusement épargnée par l'incendie de 1871, cette église serait le plus ancien bâtiment public de la ville. Des représentations de saints et de missionnaires irlandais ornent les vitraux.
→ 700 W Adams St
Tél. 312 648 1021 ***Visite sur demande*** *Lun.-ven. 8h-11h*

★ Union Station E1
Dans les années 1950-60, Chicago fut le plus grand carrefour ferroviaire du pays : 100 000 passagers y transitaient chaque jour ! Témoin de cet âge d'or du chemin de fer, cette gare magnifique (1925), où Brian De Palma tourna quelques scènes des *Incorruptibles* (1987). Dans la salle d'attente, admirer la verrière en berceau et les escaliers en marbre.
→ 225 S Canal St

★ Jane Addams Hull-House Museum D2
En 1889, les pionnières du mouvement caritatif, Jane Addams et Ellen G. Starr, fondèrent cette maison d'accueil destinée aux nécessiteux. Seuls deux des 13 immeubles d'origine sont encore debout : restaurés et meublés comme jadis, ils abritent un petit musée consacré à Jane Addams – la première femme américaine à avoir le prix Nobel de la Paix, en 1931 – et des expositior
→ 800 S Halsted St
Tél. 312 413 5353
Mar.-ven. 9h10-16h50 Tari

★ Little Italy C2
Si elle a un peu rétréci a cours des dernières anr Little Italy n'a rien perdu de sa vitalité, notamme grâce à son succès aup des jeunes. Cœur du quartier, Taylor Street aligne les restaurants, l épiceries et les boutiqu Mieux vaut en revanche pas s'aventurer autour c chantiers de constructic d'immeubles, entre Rac Ave. et Loomis St.
→ Entre S Ashland Ave. et S Morgan St

Greektown

Old St Patrick's Chu

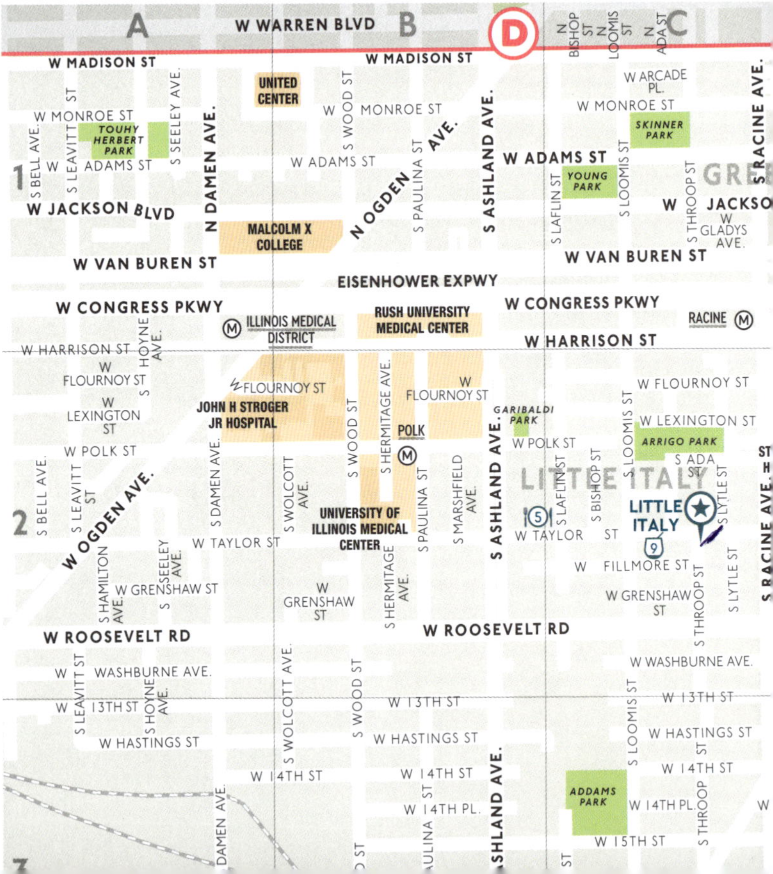

Dans le sud et le sud-ouest de Chicago s'étendent les quartiers ethniques les plus anciens. Greektown se déploie aux portes de Downtown autour de Halsted Street. Passé l'*expressway*, Little Italy a un peu souffert de la récente fièvre immobilière, mais les bastions identitaires (comme Mario's Italian Lemonade) ne baissent pas leur garde. Au sud, Pilsen abrite la deuxième communauté mexicaine du pays et les hipsters de Chicago. À l'est de Pilsen, de l'autre côté de la rivière, le long de Wentworth et Archer Avenues, les restaurants et les boutiques de Chinatown vibrent d'une activité incessante.

Al's Beef

Joy Yee Noodle

RESTAURANTS

Al's Beef D2 ①
Cette institution locale s'est fait une spécialité des sandwichs au bœuf : de fines tranches de viande agrémentées de poivrons et d'épices. *Delicious !* Sandwich 5-16$.
→ *1079 W Taylor St / Carpenter St Tél. 312 226 4017 Lun.-ven. 9h-23h (0h ven.), sam. 10h-0h*

Taquerías Atotonilco C3 ②
Parmi les meilleurs tacos de la ville, que l'on peut aussi emporter ! Habitués et noctambules chicagoans s'en régalent. Plat à moins de 10$.
→ *1637 S Blue Island Ave. Tél. 312 226 4817 Tlj. 10h-23h (3h ven. ; 4h sam.)*

Lou Mitchell's Restaurant E1 ③
Des petits déjeuners américains qui s'affirment comme des modèles du genre. S'il y a foule, patienter avec un donut maison, mais garder un peu de place pour l'omelette soufflée ! Plat 11-18$.
→ *565 W Jackson Blvd / Clinton St Tél. 312 939 3111 Mer.-dim. 6h (7h w.-e.)-14h*

Lawrence's Fish and Schrimp E4 ④
Restaurant familial où poissons frits, fruits de mer et cuisses de grenouilles sont vendus au poids. Belle vue sur la rivière, vente à emporter. Plat 11-22$ (possibilité de demi-portion).
→ *2120 S Canal St / Cermak Rd Tél. 312 225 2113 Tlj. 24h/24*

The Rosebud B2 ⑤
Tous les classiques de la cuisine italienne, bien préparés et servis généreusement. Rosebud est complet ? Essayer RoSal's au nº 1154. Plat 20-37$.
→ *1500 W Taylor St / Laflin St Tél. 312 942 1117 Tlj. 15h-21h (22h ven.-sam.)*

Joy Yee Noodle Shop F4 ⑥
Maxi-portions à petits prix dans ce poste avancé d'un mini-empire de la cuisine asiatique. Spécialités : crevettes à la citronnelle, curry de coquillages thaï, tofu japonais et "freezes", un mélange de glace pilée, de jus de fruits et de tapioca. Plat 10-19$.
→ *2139 S China Pl. / Princeton Ave. Tél. 312 328 0001 Tlj. 11h-22h30*

Athena D1 ⑦
Le petit plus de l'Athena, par rapport à ses voisins : le patio extérieur et les vues sur Downtown. Bons plats grecs traditionnels. Plat 16-42$.
→ *212 S Halsted St / Adams St*

Manny's

Mario's Italian Lemonade

Aji Ichiban

Tél. 312 655 0000
Tlj. 11h-21h (22h ven.-sam.)

Phoenix F4 (8)
Des chariots chargés de *dim sum* (les plus savoureux de la ville) circulent entre les tables de cette immense salle à manger. Au menu : tous les incontournables de la gastronomie chinoise. Plat 10-21,95$.
→ 2131 S Archer Ave. / Cermak Rd Tél. 312 328 0848 Tlj. 10h-21h Fermé dim. soir en été

CAFÉS, GLACIER

Sweet Maple Café C2 (9)
Dans le sud des États-Unis, le petit déjeuner peut mêler grattons de porc et (divines) crêpes aux fruits de saison ! Qui a peur du Sweet Maple Cafe ?
→ 1339 W Taylor St / Ada St Tél. 312 243 8908 Mer.-dim. 7h-13h30

Manny's E2 (10)
Moitié *coffeeshop*, moitié "deli", le Manny's remporte tous les suffrages, grâce à ses pains de viande, ses galettes de pommes de terre et ses sandwichs au pastrami !
→ 1141 S Jefferson St / Grenshaw St Tél. 312 939 2855 Lun.-sam. 9h30-20h ; dim. 9h30-15h30

Mario's Italian Lemonade D2 (11)
Les soirs d'été, les *Chicagoans* envahissent la chaussée devant Mario's. La recette du succès de ses glaces italiennes ? Limonade glacée, fruits frais et sirops à tous les parfums. La pêche et le melon sont inoubliables.
→ 1068 W Taylor St / Carpenter St Mai-sep. : tlj. 11h-0h Fermeture plus tôt selon le temps et l'affluence

BARS

Skylark D4 (12)
La cave branchée de Pilsen vibre au son du jazz tous les lundis soir. Le reste du temps : bière bon marché, hamburgers, sandwichs au porc grillé et *tater tots*, les fameuses galettes de pommes de terre. Aussi de petites croquettes de pommes de terre frites.
→ 2149 S Halsted St / Cermak Rd Tél. 312 624 8583 Tlj. 16h-2h (3h sam.)

Simone's Bar D3 (13)
Bohème, un pub réputé où de vieux flippers accueillent les platines du DJ. Grand choix de bières artisanales à la pression, pizzas et burgers.
→ 960 W 18th St / Sangamon St Tél. 312 666 8601 Tlj. 11h30-2h (3h sam.)

Thalia Hall C3 (14)
Située dans un building de 1892, voici l'une des meilleures salles de concert de Chicago. Excellent bar, avec une grande sélection de bières et d'en-cas de qualité, 100 % chicagoans. Les grands noms de la scène pop, rock et indie s'y pressent pour un show intimiste.
→ 1807 S Allport St / 18th St www.thaliahallchicago.com

SHOPPING

Nuevo Leon Bakery B3 (15)
Rien à voir avec le restaurant du même nom, situé non loin de là ! Ici, on se régale de biscuits de "noce mexicaine", d'*empanadas* et de *gorditas* de maïs.
→ 1634 W 18th St / Marshfield Ave. Tél. 312 243 5977 Tlj. 6h (8h w.-e.)-20h

Pilsen Galleries D3 (16)
À Pilsen, une vingtaine de galeries d'art contemporain.
→ S Halsted St, entre 17th St et 19th St W.-e. horaires variables, 2e ven. du mois 18h-22h

New Maxwell Street Market E2 (17)
Lorsque la météo le permet, quelque 400 exposants étalent fruits et légumes, vêtements et bric-à-brac dans ce marché à ciel ouvert. Concerts de blues et stands de cuisine mexicaine en prime.
→ W Roosevelt Rd et S Desplaines St Dim. 7h-15h

Athenian Candle D1 (18)
Un grand favori de la communauté grecque orthodoxe du West Side : on y trouve toutes sortes de bougies, de concoctions et de pierres magiques censées chasser le mauvais œil.
→ 300 S Halsted St / Jackson Blvd Tél. 312 332 6988 Lun.-mar., jeu.-sam. 9h30-18h (19h jeu. ; 17h sam.)

Feida Bakery F4 (19)
La meilleure boulangerie de Chinatown : *cha siu bao* (beignets au porc caramélisé), gâteaux lunes et *don tot* (des tartes à la crème).
→ 2228 S Wentworth Ave. / Cermak Rd Tél. 312 808 1113 Tlj. 7h-20h

Aji Ichiban F4 (20)
Au cœur de Chinatown : fruits secs, bonbons et barres chocolatées à la mode hongkongaise !
→ 2117 S China Pl. Tél. 312 328 9998 Lun.-sam. 12h-20h (21h ven.-sam.), dim. 12h-20h

Union Station

Jane Addams Hull-House Museum

Little Italy

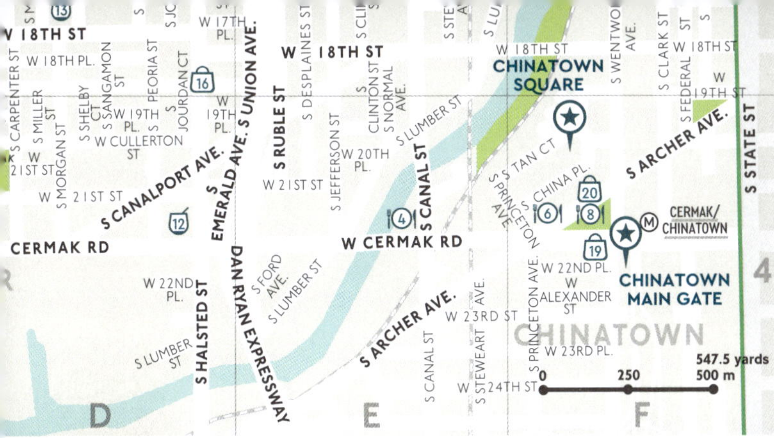

tional Museum of Mexican Art

Chinatown Main Gate

Chinatown Square

Pilsen C3
our de 1870, des
nigrants originaires de
ıême baptisèrent leur
rtier du nom d'une des
ndes villes de leur région
ale. Les années 1960
nt arriver les Mexicains
s affluer des artistes...
en l'ouvrier est vite
enu bourgeois bohème !
ant et coloré, c'est l'un
meilleurs endroits de
cago pour manger
xicain.
/ 18th St (entre Wood St
acine Ave.)

Murals of Pilsen B4
spirant de peintres
xicains tels Diego Rivera
osé Orozco, un groupe d'artistes locaux a coloré Pilsen de peintures murales et de mosaïques. À voir, d'est en ouest, les œuvres de : Bill Campillo (*1900 S Carpenter St*), Raymond Patlán (*1831 S Racine Ave.*), un collectif sur le Taller Mestizarte Building (*S Bishop St et W 18th St*), Jeff Zimmerman (*1919 S Ashland Ave.*), Francisco Mendoza et ses élèves (*1645 W 18th Pl.*), Hector Duarte (*1900 W Cullerton St*) et Juan Chávez (*2000 S Damen Ave.*).

★ National Museum of Mexican Art B4
Fondé en 1982 par deux enseignants, le premier musée de la région voué à l'art mexicain, et le plus grand d'art latino-américain aux États-Unis. Ne pas manquer les festivités du jour des Morts (1er-2 nov.).
→ 1852 W 19th St
Tél. 312 738 1503
Mar.-dim. 10h-17h

★ Chinatown Main Gate F4
De dimensions modestes en comparaison d'autres Chinatowns américains, le quartier chinois demeure pittoresque. Mieux vaut cantonner ses pérégrinations à Cermak Road et Wentworth Avenue, la zone s'étendant à l'est de la gare CTA n'ayant pas très bonne réputation.
→ W Cermak Rd et S Wentworth Ave. Possible de s'y rendre en Water Taxi (6$) depuis River Walk (ligne violette, arrêt Ping Tom Memorial Park) : www.chicagowatertaxi.com

★ Chinatown Square F4
Inaugurée dans les années 1990, parée de statues représentant les signes du zodiaque chinois, une place au cœur du nouveau quartier commerçant de Chinatown. Moins "authentique" que Wentworth Avenue, elle recèle cependant de nombreux restaurants, généralement meilleur marché qu'ailleurs.
→ S China Pl.

Robie House

Promontory Point

★ DuSable Museum of African American History B2
Un musée consacré à l'histoire, la culture et l'art des Afro-Américains, le plus ancien du genre aux États-Unis. À voir : de nombreux objets du XIXᵉ s., dont certains précèdent l'abolition de l'esclavage (1865), et des documents sur le poète Langston Hughes (1902-67). Expositions temporaires.
→ *740 E 56th St*
Tél. 773 947 0600
Mer.-dim. 11h-16h

★ Fountain of Time B3
Érigée en 1922 par Lorado Taft, la fontaine du Temps était censée avoir un pendant à l'autre extrémité du Midway, mais la fontaine de la Création ne vit jamais le jour. Caché derrière la fontaine, l'homme aux moustaches est un autoportrait de Taft.
→ *5900 S Cottage Grove Ave.*

★ University of Chicago B2
Un monument d'allure néo-Tudor, centre névralgique de la vie intellectuelle et politique de Chicago. Fondée en 1891 grâce à une donation de John D.Rockefeller, l'université abrite plusieurs musées dont l'Oriental Institute (*1155 E 58th St*), voué aux antiquités proche-orientales, et le Smart Museum of Art (*5550 S Greenwood Ave.*), riche et éclectique collection léguée par la famille Smart (Degas, Rodin, Tiffany, etc.). À voir aussi : la Bond Chapel (*1050 E 59th St*), bâtie en 1926, dotée d'admirables sculptures sur bois et de vitraux de Charles Connick.
→ *E 55th à E 61st St, entre Cottage Grove Ave. et Woodlawn Ave.*

Renaissance Society B2
Cette galerie organise cinq expositions d'art contemporain par an et nombre de conférences, avec une prédilection pour les sujets d'actualité que d'autres institutions, plus timorées, hésiteraient à aborder.
→ *5811 S Ellis Ave, Bergman Gallery, Cobb Hall 418*
Tél. 773 702 8670
Mer.-dim. 12h (13h ven.)-17h

Rockefeller Memorial Chapel C2
Réalisée en pierre de taill[e], une église mi-néogothiqu[e] mi-moderne, signée Bertram Grosvenor Goodhue (1928). Son nom rend hommage aux mécènes de l'université, John D. Rockefeller Sr et J[r]
→ *5850 S Woodlawn Ave.*
Tél. 773 702 2667
Mar.-sam. 11h-17h, dim. 10h-

DuSable Museum of African American History

Fountain of Tir

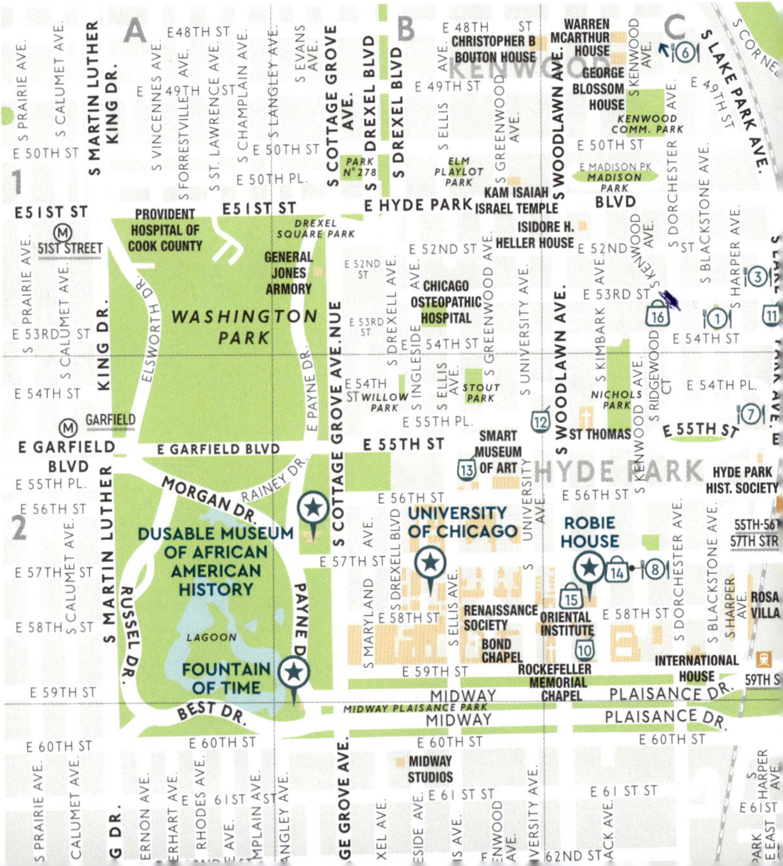

F

Kenwood / Hyde Park / Woodlawn

À quelques minutes au sud du centre-ville, Kenwood est célèbre pour ses maisons de Frank Lloyd Wright – la George Blossom, la Warren McArthur et l'Isidore Heller –, exemples de style Prairie. Six blocks plus bas s'étend Hyde Park, l'un des secteurs les mieux planifiés de Chicago : organisé autour de la principale université de la ville, il en est devenu le centre intellectuel. En bordure du lac, Jackson Park, lieu de l'Exposition internationale de 1893, occupe la majeure partie du quartier de Woodlawn. Mieux vaut ne pas s'aventurer dans Washington Park ni au sud-ouest de l'université, afin d'éviter les mauvaises rencontres.

Rajun Cajun

Piccolo Mo

RESTAURANTS

Rajun Cajun C1 (1)
Un mélange détonant de cuisine indienne et de *soul food* (la cuisine afro-américaine du Sud), le tout extrêmement relevé : currys excellents (agneau, légumes, poisson, etc.), samoussa et poulet tandoori. Plat 5-17$.
→ 1459 E 53rd St / Blackstone Ave. Tél. 773 955 1145 Lun.-sam. 11h-20h30

Lem's Bar-B-Q hors plan A4 (2)
Originaires du Mississippi, les frères Lemon régalent la ville depuis les années 1950 avec leurs travers de porc fumés (*ribs*). Pas de salle à manger, on repart avec un sac plein de travers succulents, arrosés de sauce piquante et accompagnés de frites et de saucisses épicées. Plat 4-33$.
→ 311 E 75th St / Prairie Ave. Tél. 773 994 2428 Mer.-lun. 12h-22h

Valois C1 (3)
Cette cafétéria de quartier a ouvert en 1921. Depuis : petits déjeuners tous les jours, toute la journée ! Aussi des steaks *T-bone* et des pâtés en croûte en portions gargantuesques. Petit déjeuner 5-15$; plat 6-15$.
→ 1518 E 53rd St / Harper Ave. Tél. 773 667 0647 Tlj. 6h-15h

Piccolo Mondo D2 (4)
Une adresse animée, réputée dans ce quartier italien pour ses plats traditionnels. Pâtes aux fruits de mer, poulet au citron ou piccata de veau... à déguster dans un bel espace ensoleillé qui comprend également une petite boulangerie argentine. Aussi, un choix de tapas espagnoles. Tapa 4-19$; sandwich 3,25$; plat 17-34$.
→ 1642 E 56th St / Hyde Park Blvd Tél. 773 643 1106 Mar.-dim. 16h (11h30 dim.)-20h30 ***Boulangerie*** *Mar.-dim. 9h-20h30*

The Snail Thai Cuisine D2 (5)
Ce restaurant thaïlandais doit son nom d'"escargot" (*snail*) non à une de ses spécialités, mais à une légende thaïe ! Devanture colorée, grande fraîcheur et petits prix en font un des QG des étudiants (et de leurs professeurs) au cœur de Hyde Park. Curries et nouilles vivement conseillés. Restaurant BOYB (on peut venir avec sa propre bouteille). Plat 9,75-14,95$.
→ 1649 E 55th St / S Hyde Park Tél. 773 667 5423 Mar.-dim. 11h-20h

Medici Bakery & Deli

Woodlawn Tap

Seminary Co-op Bookstore

Gorée Cuisine
hors plan C1 6
La cuisine sénégalaise est ici à l'honneur. Les points forts du menu incluent l'*agneau dibi* (côtelettes d'agneau grillées) ou un poisson fumé entier accompagné de crevettes. Plat 15-20$.
→ 1126 E 47th St Tél. 773 855 8120 Mer.-lun. 11h-21h

La Petite Folie C2 7
Un restaurant français sans chichis, aux prix plus que raisonnables, ce qui en fait l'une des très bonnes adresses du quartier : tarte épinard et chèvre, crêpe aux crevettes, lapin au cognac et aux prunes, etc. Plat 23-38$.
→ 1504 E 55th St / Harper Ave. Tél. 773 493 1394 Mer.-dim. à partir de 17h

BOULANGERIE

Medici Bakery & Deli
C2 8
L'une des meilleures boulangeries de Chicago : pains frais, tartes aux fruits et muffins, croissants... Tout est succulent ! Le restaurant attenant, Medici on 57th, est l'un des favoris des habitants du quartier, sans prétention et doté d'une jolie terrasse sur le toit. Choix de pizzas, de burgers et de sandwichs, et excellent milk-shake à la banane et aux noix. On peut y apporter sa propre bouteille, l'établissement fournira le tire-bouchon ! Carte 10$.
→ 1327 E 57th St / Kenwood Ave. Tél. 773 667 7394 Tlj. 7h-21h ***Restaurant*** *Lun.-ven. 11h-21h (22h ven.), w.-e. 9h-22h (21h dim.)*

BARS, CONCERTS

The Cove Lounge
D2 9
Bières de choix (25 marques), retransmissions de matchs, jukebox et voisins qui trinquent : un *dive bar* (*cash only*) pur jus !
→ 1750 E 55th St / Everett Ave. Tél. 773 684 1013 Tlj. 11h-2h (3h sam.)

The Pub C2 10
LE bar des étudiants de l'université de Chicago ! Parfait pour boire une bière artisanale et combler un petit creux, avec des *onions rings* ou des *pierogi* (raviolis polonais), la spécialité du pub.
→ 1212 E 59th St / S Woodlawn Ave. Dans le basement (sous-sol) du building Ida Noyes Hall Tél. 773 702 9737 Lun.-sam. 16h (12h mar.-mer., sam.)-1h

The Promontory C1 11
Un *spot* branché de Hyde Park, incontournable ! Belle sélection de vins, de bières et de cocktails, carte gourmande, soirées DJ, concerts... Les salles, aérées, et la terrasse contribuent au succès.
→ 5311 S Lake Park Ave. / 53rd St Tél. 312 801 2100 Horaires variables en fonction de la programmation

Woodlawn Tap C2 12
Un repaire de Woodlawn depuis 1948, encore surnommé Jimmy's en souvenir de son ancien propriétaire, Jimmy Wilson. Pas d'esbroufe, de bons petits plats et une TV au bar pour les jours de match. Groupes de jazz ou de blues certains dimanches. *Cash only* au bar.
→ 1172 E 55th St / Woodlawn Ave. Tél. 773 643 5516 Lun.-ven. 10h30-2h, w.-e. 11h-3h (2h dim.)

THÉÂTRE

Court Theater B2 13
Au cœur de l'Université de Chicago, des pièces du répertoire classique revisitées, et des créations.
→ 5535 S Ellis Ave. / 56th St Tél. 773 753 4472 www.courttheatre.org

SHOPPING

57th Street Books
C2 14
Une mignonne petite librairie proche de l'université. Salle de lecture douillette à l'arrière.
→ 1301 E 57th St / Kimbark Ave. Tél. 773 684 1300 Lun.-ven. 12h-19h, w.-e. 10h-17h

Seminary Co-op Bookstore C2 15
Dans les rayons de cette librairie, plus de 100 000 livres ! Les ouvrages des professeurs de l'université de Chicago y sont mis à l'honneur.
→ 5751 S Woodlawn Ave. / 58th St Tél. 773 752 4381 Tlj. 10h-18h (17h w.-e.)

Hyde Park Records
C1 16
Quand les intellectuels de Hyde Park veulent souffler un moment entre deux livres, ils font halte dans ce petit magasin indépendant pour acheter vinyles et CD.
→ 1377 E 53rd St Tél. 773 288 6588 Tlj. 11h-20h

First Aid Comics C2 17
Des *comic books* et des romans graphiques par centaines, dans une boîte d'allumettes.
→ 1617 E 55th St / Cornell Ave. Tél. 773 752 6642 Lun.-sam. 11h-19h (20h mer.), dim. 12h-17h

University of Chicago

University of Chicago / Renaissance Society

Rockefeller Memorial Chapel

Jackson Park

Museum of Science and Industry

Oak Woods Cemetery

obie House C2
ue par Frank Lloyd
ıt en 1908-1909 pour
erick C. Robie, héritier
empire du vélo et
moto, une demeure
téristique de style
e, avec son asymétrie
s plans rectangulaires.
57 S Woodlawn Ave.
2 994 4000
in. 10h-14h30

romontory Point D2
romontoire apprécié
ses panoramas sur
. Relativement isolé,
e titre très prisé des
agoans, son parc se
ıt par la piste cyclable
eant le lac ou par le
el partant de 55th St.
→ *5491 S Lake Shore Dr.*
Tlj. 6h-23h

★ **Jackson Park** D3
Frederick Law Olmsted finit de planter les 263 ha de Jackson Park à temps pour accueillir l'Exposition internationale de 1893 (nommée World's Columbian Exposition en hommage aux 400 ans de l'arrivée de Christophe Colomb). À voir : *La République française* (1918) de Daniel Chester, réplique dorée de 8 m de la statue d'origine qui en mesurait plus de 20 ! Charmants jardins japonais (Osaka Gardens) sur la Wooded Island, au milieu du bassin.
→ *6401 S Stony Island Ave*
Tél. 773 256 0903

Museum of Science and Industry D2
Seul vestige de l'Exposition de 1893, cet immense édifice néoclassique abrite le musée des Sciences et de l'Industrie, l'un des plus populaires de Chicago. Très interactif, il propose, entre autres attractions : un sous-marin U-505, deux simulateurs de vol, une réplique d'une mine de charbon, une couveuse de poussins et un cœur si grand que l'on peut entrer dedans ! Sans doute l'un des meilleurs musées à faire avec des enfants.
→ *E 57th St & S Lake Shore Dr.*
Tél. 773 684 1414
Tlj. 9h30-16h

★ **Oak Woods Cemetery** B4
Les chemins sinuant entre les tombes du plus vieux cimetière de la ville (1854) sont comme un voyage dans le temps. Le champion olympique Jesse Owens (1913-80) et le premier maire afro-américain de Chicago, Harold Washington (1922-87), entre autres, y reposent. Le Confederate Mound Memorial marque l'endroit où furent enterrés plus de 6 000 prisonniers sudistes.
→ *1035 E 67th St*
Tél. 773 288 3800 Tlj. 8h-16h30

ENVIRONS

Chicago Botanic Garden / Glencoe

À 1 heure de Chicago, balades et bonnes adresses !

Chicago Botanic Garden / Glencoe
→ 30 km au nord (Illinois)
1000 Lake Cook Rd
En train, arrêt Glencoe, puis bus 213 Tél. 847 835 5440
Juin-août : tlj. 7h-21h ; sep.-mai : tlj. 8h-19h Tarif 13-16$
Ce magnifique parc boisé de 155 ha s'étend sur 9 îles et comprend 27 jardins, 4 zones naturelles et plus de 9 300 espèces végétales. Une savante mosaïque de milieux naturels, de plantes autochtones, de jardins exotiques et paysagers, de promenades et de détentes éducatives.

The Garden View Café
→ Chicago Botanic Garden, Visitor Center
Tél. 847 835 3040 Été : tlj. 8h-21h ; hiver : tlj. 8h-17h
Des classiques de la cuisine américaine, au gré des saisons et des produits locaux : soupes bio, salades composées du jardin, sandwichs au pesto... Plat 5,50-14$.

Bahá'í House of Worship / Wilmette
→ 40 km au nord (Illinois)
100 Linden Ave. En train, arrêt Central Street (Evanston)
Tél. 847 853 2300
***Temple et jardins** Tlj. 6h-20h*
Phare nord-américain du culte bahá'í, cette "maison de culte", achevée en 1953, dresse sur le rivage du lac Michigan son étincelant dôme nervuré à neuf pans inspiré du dessin du Québécois Louis Bourgeois.
Une architecture qui symbolise l'unité spirituelle de l'Humanité et la foi universelle en une entité suprême, selon les écrits de Bahá'u'lláh, le prophète perse du XIXᵉ s. à l'origine du bahá'isme.

Valley Lodge Tavern
→ 1141 Central Ave.
Tél. 847 920 5675
Tlj. 12h-22h (23h ven.-sam.)
Pour dévorer de délicieux burgers, des sandwiches variés ou des plats complets (*chicken kabobs, cedar plank salmon, cajun linguini*...), le tout dans une ambiance de taverne familiale. Plat 11-30$.

Milwaukee
→ 150 km au nord (Wisconsin)
En train, arrêt Milwaukee Intermodal Station
La *Beer City* – plus grande ville du Wisconsin, sur la rive ouest du lac Michigan – doit son surnom aux brasseurs venus d'Allemagne au XIXᵉ s. : Miller, Pabst, Schlitz, Blatz...
Visite de la brasserie Miller, dégustations aux Lakefront Brewery et Milwaukee Brewing Company ou dans l'un des pubs de la ville. Aussi, le Milwaukee Art Museum (fonds de 30 000 œuvres) dont le brise-soleil signé Santiago Calatrava (2001) est devenu l'emblème de la ville ; le Harley-Davidson Museum, véritable symbole du mythe américain ; et RiverWalk, promenade urbaine longeant la rivière Milwaukee sur 3 km.

Millioke
→ 323 E Wisconsin Ave.
Tél. 414 847 3162 Tlj. 6h30-1h
Trilogie viande-fromage-bière en plein centre-ville, à base des meilleurs

produits artisanaux du Wisconsin. Plat 10-25$.

Woodstock

→ 100 km au nord (Illinois) En train, arrêt Woodstock
À ne pas confondre avec le Woodstock du festival hippie, dans l'État de New York, cette commune de l'Illinois est réputée pour ses constructions de l'époque industrielle, ses magasins de décoration, ses cafés-librairies cosy... En 1992, Harold Ramis met cette petite ville tranquille sous le feu des projecteurs en y tournant une comédie avec Bill Murray, originaire de l'Illinois : *Groundhog Day* (*Un jour sans fin*), où il est question du réveil printanier de la marmotte...

Public House of Woodstock
→ 101 N Johnson St Tél. 815 337 6060 Mer.-sam. 16h (11h ven.-sam.)-22h
Pour déjeuner dans le décor d'*Un jour sans fin* ! Cœur palpitant du vieux centre, ce vénérable pub a élu domicile dans l'ancien palais de justice des lieux. Burgers, fromages locaux, sandwichs. Plat 15-31$.

Waterfall Glen Forest Preserve / Wheaton

→ 40 km à l'ouest (Illinois) En train, arrêt Westmont, puis bus 715 ***Visitors Services*** *3S580 Naperville Rd, Wheaton Tél. 630 933 7248 Lun.-ven. 8h-16h*
Oiseaux, papillons et libellules sont les hôtes de cette réserve naturelle, connue pour ses chutes d'eau et parcourue de sentiers pour randonneurs, cyclistes et cavaliers. Une partie des chemins est à découvert, attention au soleil en été.

Farnsworth House / Plano

→ 93 km au sud-ouest (Illinois) 14520 River Rd En train, arrêt Plano Avr.-mi-nov. : mar.-dim. 10h-14h (15h w.-e.)
La maison de campagne du Dr Farnsworth, classée monument historique, prend l'aspect d'une simple structure de verre et d'acier sur pilotis, qui se fond dans le paysage arboré. Un pur chef-d'œuvre (1951) du modernisme européen, signé Ludwig Mies van der Rohe, architecte germano-américain qui a fait de Chicago sa ville de cœur.

Bull Moose Bar & Grill
→ 202 S Main St, Sandwich À 8 km de Farnsworth House par la US-34 W Tél. 815 786 8002 Tlj. 11h-1h (0h dim.-jeu.)
Ce bar-gril occupe un wagon historique présenté à l'Exposition universelle de 1893. Installé dans la ville de Sandwich, il sert, entre autres, le Caramel Apple, élu meilleur burger de la région ! Plat 10,99-29,99$.

Indiana Dunes National Lakeshore / Porter

→ 61 km au sud-est (Indiana) En train, arrêt Dune Park ***Visitor Center*** *1215 N State Rd 49, Porter Tél. 219 926 2255 Tlj. 8h-18h (8h30-16h30 hiver)*
Splendide coin de nature sur la rive sud du lac Michigan : dunes, marais, prairies, et 30 km de sentiers réjouissent les promeneurs. Ravissantes maisons le long des plages, et vue imprenable sur la *skyline* de Chicago. Pique-niquer à West Beach, où la baignade est surveillée.

Milwaukee

Bahá'í House of Worship / Wilmette

CARNET PRATIQUE

CARTE D'IDENTITÉ

- Plus grande ville de l'Illinois et 3e métropole des États-Unis
- 2,75 millions d'habitants (10 avec la banlieue)
- 35 % des *Chicagoans* parlent, à la maison, une langue autre que l'anglais
- Surnoms : "la Deuxième Ville" ou "la Cité venteuse"
- 365 km²
- Lac Michigan : 49 km de côtes
- Température moyenne : hiver 2 °C ; été 28 °C
- Décalage horaire : heure française - 7h ; heure new-yorkaise - 1h
- Devise : dollar US (US$) ; 1$ = 0,98€

Chicago Blues
Au début du XXe s., l'arrivée d'Afro-Américains introduit à Chicago le blues, né dans le delta du Mississippi. Au cours des années 1940-50, ce genre musical s'impose grâce à des artistes comme Muddy Waters, Howlin' Wolf, Otis Rush et Buddy Guy. Ils échangent alors leurs guitares acoustiques et leurs harmonicas contre des microphones, des batteries et des guitares électriques, afin de mieux se faire entendre dans les bars bruyants de Chicago ! Le blues, depuis, fait partie de l'identité de la ville...

FORMALITÉS

Pour les Français : selon le type de passeport un visa obligatoire. Pour ceux n'ayant pas besoin de visa, remplir en ligne un formulaire d'autorisation, au plus tard 72h avant le départ et valable 2 ans ; s'acquitter de 21$:
→ https://esta.cbp.dhs.gov/esta

INFOS

Visitor Information Center
(**A** B2)
→ Tél. 312 744 2400
→ Macy's, 111 N State St
Lun.-sam. 10h-21h, dim. 11h-19h
→ 77 E Randolph St
Lun.-sam. 10h-17h, dim. 11h-16h

ARGENT

TAXES
Dépendent des lieux. La TVA avoisine les 10 %, la taxe hôtelière s'élève à 16,4 %.

POURBOIRE (*TIPS*)
Obligatoire aux États-Unis.
Restaurants : laisser 15 à 20 % de la note.
Taxis : 15 % du prix de la course et 1$ par bagage.
Hôtels : 1$ par bagage.
Bars : 1$ par boisson.

TÉLÉPHONE

INDICATIFS
France-Chicago
→ 00 + 1 (indicatif USA)
+ indicatif local à 3 chiffres
+ numéro à 7 chiffres
Chicago-France
→ 011 + 33 (indicatif France)
+ numéro sans le 0 initial
Chicago-USA
→ 1 + indicatif local à 3 chiffres
+ numéro à 7 chiffres

NUMÉROS UTILES
Police / urgences médicales
→ Tél. 911
Renseignements
→ Tél. 411 ou 555 1212

BUDGET

SE LOGER
Chambre double : 150-220$.

SE RESTAURER
Compter plus de 50$/pers., et 8-20$/pers. dans les restaurants des différentes communautés, les *diners* et les fast-foods. Les prix indiqués dans ce guide correspondent au prix moyen d'un plat.

SORTIR
Cover charge entre 5 et 20$ dans certains bars et clubs.

VISITER
Entrée au musée : 7-55$.

CARTES DE CRÉDIT
Acceptées presque partout. Nombreux distributeurs en ville et dans les hôtels.

SE REPÉRER

Rues et avenues se coupent à angle droit. Point zéro du quadrillage : le croisement de State et Madison Streets (**A** B2). Le nom (ou n°) de chaque voie est précédé de la lettre N (North) ou S (South) – par rapport à Madison St – et E (East) ou W (West) – par rapport à State St.

JOURS FÉRIÉS

- 1er jan. (Nouvel An)
- 3e lun. de jan. (anniversaire de Martin Luther King Jr)
- 3e lun. de fév. (Presidents' Day)
- Dernier lun. de mai (Memorial Day)
- 4 juil. (Independence Day)
- 1er lun. de sep. (Labor Day)
- 2e lun. d'oct. (Columbus Day)
- 11 nov. (Veterans Day)
- 4e jeu. de nov. (Thanksgiving)
- 25 déc. (Noël)

VISITES

CHICAGO GREETER

Visites gratuites de 2-4h, par des bénévoles.
→ **www.chicagogreeter.com**

CHICAGO CITYPASS

→ **www.citypass.com Tarif : 114$ (3-11 ans : 93$)**
Tarif réduit et coupe-file pour 5 sites touristiques dans la ville. Valable 9 jours à partir de la première visite.

CHICAGO EN FRANÇAIS

→ **www.chicago-en-francais.fr**
Tarif : 49€ (- 12 ans : 35€)
Visites guidées en français hors des sentiers battus des quartiers de Chicago.

TENDANCE(S)

ROASTED COFFEE

Ces cafés aux arômes prononcés de grains torréfiés ont le vent en poupe ! Chaudement recommandés : The Wormhole Coffee (**D** B1), Intelligentsia Coffeebar (**A** B2).

DES GLACES… MÊME PAR - 20 °C

Quelle que soit la température, les glaciers ne ferment jamais à Chicago ! Sur les pas des Beatles au **Margie's Candies** (hors plan **D** A1), glaces italiennes de tradition chez Mario's Italian Lemonade (**E** D2), des glaces a la gloire de la démesure américaine : Bombobar (832 W Randolph St, D E4).

DIVE BARS

Des bistrots de quartier où boire une bière à prix doux en fin de journée : authenticité garantie ! The Cove Lounge (**F** D2), Old Town Ale House (**C** C6).

CONCEPT BARS

Toujours plus qu'un bar ! Avec salon de manucure au Beauty Bar (**D** D3) ou comment se faire faire les ongles en sirotant un Martini. Au Simone's Bar (**E** D3), pendant que certains s'ennuieront au comptoir, d'autres iront jouer au flipper !

VENDREDI, NUIT DES VERNISSAGES

Chaque 1er, 2e et 3e vendredis du mois, des galeries ouvrent leurs portes dans un quartier différent. On découvre les artistes du moment et on en profite pour boire un verre et discuter. 1er ven. : **River North** (**B**) ; 2e ven. : Pilsen (**E** C3) ; 3e ven. : **Bridgeport** (hors plan **E**).

Chicago en ligne
→ **www.enjoyillinois.com**
Portail de l'office du tourisme de l'Illinois.
→ **www.choosechicago.com**
Site du Chicago Convention & Tourism Bureau.
→ **www.cityofchicago.org**
Site de la ville.
→ **chicago.metromix.com**
Restaurants, clubs, bars…
→ **www.timeout.com/chicago**
Agenda culturel du magazine *Time Out*.

ÉLECTRICITÉ

Se munir d'un adaptateur : prise à deux fiches plates, 110 volts.

HORAIRES

MAGASINS

→ **Lun.-sam. 10h-18h Dim. horaires variables**

MUSÉES

→ **En général, 9h-17h Jours de fermeture variables**

RESTAURANTS

→ **En général, 7h-22h Souvent fermés dim. ou lun.**
N'hésitez pas a réserver votre table via les sites internet des restaurants pour éviter des temps d'attente parfois long

BARS, PUBS

→ **Tlj. 11h-2h/4h**

ARRIVER

AÉROPORTS
→ www.flychicago.com
O'Hare International Airport
Vols nationaux et internationaux.
→ 27 km au nord-ouest du centre-ville
Midway Airport
→ 16 km au sud-ouest du centre-ville
Liaisons centre-ville
- En métro

→ D'O'Hare : Blue Line
Prix 6,25$ Durée 45 min
→ De Midway : Orange Line
Prix 2,25$ Durée 25 min
- En taxi

→ D'O'Hare Prix env. 40$
Durée 25-90 min
→ De Midway 25$ Durée 15-40 min

SE DÉPLACER

GARE FERROVIAIRE
Union Station (E E1)
L'accès au réseau ferroviaire Amtrak.225 S Canal St
→ Guichets Tlj. 6h-22h
www.amtrak.com

Ogilvie Transportation (**A** A2)
Accès au réseau ferroviaire METRA qui dessert la banlieue de Chicago.
→ 500W madison St
Guichets Tlj. 6h-22h
www.metra.com

GARE ROUTIÈRE
Greyhound (**E** E1)
Vers le Midwest.
→ 630 W Harrison St / Jefferson St
Tél. 312 408 5821
Rés. par tél. ou sur place
www.greyhound.com
Megabus (**E** E1)
→ Union Station, S Canal St / Jackson Blvd Rés. par Internet
us.megabus.com

TAXIS
Faciles à trouver dans le centre-ville, ainsi qu'au nord et au nord-ouest, plus rares ailleurs (il faut alors téléphoner). Un taxi est libre si son numéro est allumé.
→ Yellow Cab Tél. 312 829 4222
→ Flash Cab Chicago
Tél. 773 561 4444
Uber
Pour commander une voiture, télécharger l'appli pour smartphone.
→ www.uber.com
Tarif 1,70$ + 0,20$/min + 0,90$/mile

VOITURE
Une des villes les plus embouteillées du pays : il n'est pas recommandé de s'y déplacer en voiture, d'autant plus que les transports en commun sont très efficaces.
Limitations de vitesse
20-30 miles/h en ville.
55 miles/h sur les voies express.
Parking
Cher et compliqué dans les quartiers du centre. Les parcmètres acceptent les cartes de crédit et le liquide. Bien prendre soin de lire tous les panneaux, dont les instructions sont parfois contradictoires : on se retrouve facilement avec une contravention !
Tarifs
Parcmètres : 1-5,75$/h
Parkings Downtown : 20-40$/24h
"Valet service" (voiturier) : 10-20$ (plus pourboire)

VÉLO

Avec un peu de concentration et un casque, un moyen agréable pour se déplacer dans Chicago, grâce aux nombreuses pistes cyclables. Possibilité de monter avec son vélo dans les trains et les bus en dehors des heures de pointe.

⟶ www.bikechicago.com

Informations sur les locations et les circuits.

⟶ www.divvybikes.com

Tarif 15$/24h

TRANSPORTS EN COMMUN

Chicago Transit Authority (CTA)

La CTA gère 8 lignes de métro (surnommées "The L") et 150 lignes de bus.

⟶ 312 836 7000

www.transitchicago.com

Horaires

Les lignes de métro les plus empruntées (la Bleue et la Rouge) fonctionnent 24h/24. Les autres opèrent en moyenne entre 4h et 1h. Même chose pour les bus, à l'exception d'une vingtaine de lignes assurant un service de nuit.

Night Service

Les lignes de métro Bleue et Rouge passent à moins d'1 km de tous les quartiers mentionnés dans ce guide. Seuls Ukrainian Village (**D** A3-B3) et Pilsen (**E** C3), plus isolés, nécessitent d'emprunter un bus.

Ukrainian Village Ligne Bleue jusqu'à la station Western puis bus N49.

Pilsen Bus N60 au départ de Madison Ave. (Clark St) (**A** B2).

Tarifs

Ventra Ticket

Deux correspondances autorisées.

⟶ Bus ou métro 3$

Ventra Card

Trajets illimités sur le réseau de bus et métro.

⟶ 5$ de caution et 5$/1 j., 15$/3 j., 25$/7 j.

Metra

Les trains Metra relient le centre-ville à la banlieue. Station principale : Ogilvie, au 500 W Madison St (**A** A2).

⟶ www.metrarail.com

CALENDRIER

JANVIER-FÉVRIER

Défilé du Nouvel An chinois

⟶ Dates variables

www.chicagochinatown.org

MARS-AVRIL

Défilé de la Saint-Patrick

⟶ W.-e. précédant le 17 mars

Sam. dans le Loop – la Chicago River est alors teinte en vert ! –, et dim. sur Western Ave. (sud de la ville, entre 103rd et 114th Sts), pour le plus important défilé après celui de Dublin !

MAI-JUIN

Cinco de Mayo

⟶ 1re sem. de mai, 5 j.

À Pilsen (**E** C3), festival commémorant la victoire du Mexique sur les Français en 1861.

Jour de la Constitution polonaise (3 mai 1791)

⟶ 1er sam. de mai

Défilé, danses folkloriques, fanfares, etc.

Bike the Drive

⟶ Dim. précédant Memorial Day

25 ou 45 km à vélo, sans voiture, le long du lac.

Chicago Gospel Festival

⟶ 2-4 j. fin mai-début juin

www.gospelsuperfest.com

Concerts gratuits dans Millennium Park (**A** C2).

Chicago Blues Festival

⟶ 3 j. début juin

www.chicagoblues.com

Dans Grant Park (**A** C3), l'un des meilleurs festivals de blues du monde.

Printers Row Lit Fest

⟶ 1er ou 2e w.-e. de juin

Éditeurs, libraires, relieurs réunis dans le quartier historique des imprimeurs sur Dearborn St (**A** B3).

Gay & Lesbian Pride Parade

⟶ Dernier dim. de juin

À Lincoln Park (**C** C5).

Summerdance Festival

⟶ Ven.-dim. fin juin-mi-sep.

Concerts tout l'été dans Grant Park (**A** C3).

JUILLET

Taste of Chicago

⟶ Déb.-mi-juil.

À Grant Park (**A** C3), immense festival de gastronomie !

Pitchfork Music Festival

⟶ Ven.-dim. mi-juil.

pitchforkmusicfestival.com

À Union Park (**D** C4), musique indépendante.

AOÛT

Bud Billiken Parade

⟶ 2e sam.

www.budbillikenparade.org

Sur Martin Luther King Dr. (**F** A1), défilé et pique-nique afro-américain.

Lollapalooza

⟶ 3 j.

www.lollapalooza.com

À Grant Park (**A** C3), le célèbre festival rock.

Chicago Jazz Festival

⟶ Dernier w.-e. d'août ou 1er w.-e. de sep.

chicagojazzfestival.com

À Millennium Park (**A** C2).

SEPTEMBRE-OCTOBRE

Mexican Independence Day Parade

⟶ Début sep.

Sur Columbus Dr. (**A** C3).

Great Chicago Fire Festival

⟶ 2e w.-e. d'oct.

chicagofirefestival.com

Feux d'artifice sur la Chicago River, en souvenir de l'incendie de 1871.

Marathon de Chicago

⟶ 2e w.-e. d'oct.

NOVEMBRE-DÉCEMBRE

Mag Mile Lights Festival
→ 3e sam. de nov.
Illuminations sur Michigan Ave. (**B** C5).

Thanksgiving Parade
→ Dernier jeu. de nov.
Défilé sur State St (**A** B2).

Feu d'artifice du Nouvel An
→ 31 déc.
Sur le Navy Pier (**B** D1).

SUR PLACE

SE RESTAURER

Pour tous les budgets et tous les goûts, notamment grâce aux communautés chinoise à Chinatown (**E** F4), italienne sur W Taylor St (**E** C2), mexicaine à Pilsen (**E**), polonaise à N Milwaukee (**D**)... Chicago revendique son interprétation des hot-dogs et pizzas !

Hot dogs
Pour un hot dog local, demander *"a dog with everything"* (mais sans ketchup !).
Les bonnes adresses : Gold Coast Dogs (nombreux points de vente) ; Portillo's (**B**) ; Wiener's Circle (2622 N Clark St **C** B4) et Murphy's Red Hots (1211 W Belmont Ave. **C** A3).

Pizzas
La fameuse "Deep Dish Pizza" de Chicago : croûte épaisse, fromage en abondance et de la sauce sur le tout. La plus traditionnelle : *"stuffed spinach"*.
Où trouver les meilleures ? Giordano's (**A** B2/C2), Lou Malnati's et Gino's East (nombreux points de vente).

SORTIES

Où sortir ?
À l'exception du théâtre et des événements culturels de Millennium Park (**A** C2), peu d'ambiance dans le Loop après la tombée de la nuit. Ailleurs, il se passe quelque chose chaque soir.

Lakeview
Clubs gays sur N Halsted St ; bars sportifs sur N Clark St près de W Addison St.

Lincoln Park
Le jour, rempli de jeunes parents avec poussettes. La nuit, Clark St et Lincoln Ave. attirent des noctambules moins âgés.

Rush St
E Chicago Ave, N Rush St et N State St forment le "Triangle du Viagra" en raison des nombreux bars pour célibataires et de leur spécialité : les relations "May-December" entre partenaires d'âges différents. Restaurants et clubs pour clientèle fortunée.

Wicker Park
Tout se passe le long de W North Ave., de N Milwaukee Ave. et, côté sud, sur W Division St. Mélange de *yuppies* en goguette, de clubbers et de gourmets à la recherche d'une bonne table.

Stand up
Chicago est la ville de naissance des sketches improvisés : Bill Murray, John Belushi, Mike Myers et Tina Fey, entre autres, y ont fait leurs classes.

Programme
Chicago Reader
→ www.chicagoreader.com
Un hebdo gratuit, plein d'infos locales. Programme des expos et des spectacles.

SHOPPING

Boutiques chics sur le Magnificent Mile (**B** C5), qui déborde au nord sur Oak St et à l'ouest sur Rush St. Autre point de chute : State St (**A** B2), entre Lake St et Jackson Blvd. Sur le Mag Mile comme sur Lake St, les mêmes enseignes que dans les grandes villes américaines. Pour les marques locales : W Armitage (**C**), N Milwaukee Ave. (**D**) et N Damen Ave. (**D**).

POINTS DE VUE

Willis Tower (**A** A3)
Du Skydeck, le point de vue le plus élevé de la ville (412 m).

Michigan Avenue Bridge (**B** C6)
Du milieu du pont.

John Hancock Center (**B** C4)
De l'observatoire ou du bar de la tour.

North Avenue Beach (**C** D6)
Du toit de la Beach House.

Athletic Association building (**A** B2)
Depuis le Rooftop du bar Le Cindy's.

HÉBERGEMENT

Sauf mention contraire, les prix indiqués correspondent à une chambre double avec salle de bains (sdb). Ils n'incluent ni le petit déjeuner ni les taxes (16,4 %). Réserver par Internet ou par une agence basée à Chicago telle que www.hotrooms.com peut contribuer à obtenir de meilleurs tarifs. La plupart des hôtels proposent le wifi, dans les chambres ou dans le hall d'entrée ("lobby").

Chicago Getaway Hostel (**C** B4)
→ 616 W Arlington Pl.
Tél. 773 929 5380
www.getawayhostel.com
Une auberge idéale pour les noctambules, à deux pas des bars de Lincoln Park. Dortoirs (20-94$ par personne, petit déj. inclus)

ou chambres avec sdb (71–295$).

Hostelling International Chicago (**A** B3)
→ 24 East Congress Pkwy
Tél. 312 360 0300
www.hichicago.org
Chambres hyper-centrales, propres et bon marché, dont quelques-unes avec sdb. Supplément 3$ pour les non-titulaires de la carte Hostelling International. Petit déjeuner inclus. 32–42$ par personne. 90$ la double.

Ohio House Motel (**B** A5)
→ 600 North Lasalle Blvd
Tél. 312 943 6000
www.ohiohousemotel.com
Dans une forêt de gratte-ciel, avec des tarifs raisonnables et l'agrément de chambres fraîchement rénovées. À quatre *blocks* du Merchandise Mart. 110–220$.

Days Inn Chicago (**C** B4)
→ 644 W. Diversey Pkwy
Tél. 773 525 7010
www.daysinnchicago.net
Une auberge basique ? Oui, mais les chambres sont confortables et la situation idéale au nord de Lincoln Park. 95–160$, petit déjeuner inclus.

Raffaello Hotel (**B** C4)
→ 201 East Delaware Pl.
Tél. 312 943 5000
www.chicagoraffaello.com
Un hôtel traditionnel d'excellent confort : fitness, massages... Qui plus est, non loin des boutiques, des lieux de sortie et des restaurants. Agréables terrasse et jardin aux beaux jours. 100–330$.

Wicker Park Inn (**D** B1)
→ 1329 North Wicker Park Ave.
Tél. 773 486 2743
www.wickerparkinn.com
Un B&B de 7 chambres, 2 appartements de l'autre côté de la rue et un studio : l'une des meilleures adresses de Wicker Park. Belle vue sur les arbres. 170-280$, petit déjeuner inclus.

Willows Hotel (**C** B4)
→ 555 West Surf St
Tél. 773 528 8400
www.willowshotelchicago.com
Situé dans un quartier résidentiel, à quelques *blocks* du lac, cet hôtel de 55 chambres offre un bon rapport qualité/prix. Cookies maison et personnel souriant. 120–270$.

Central Loop Hotel (**A** B2)
→ 111 West Adams St
Tél. 312 601 3525
www.centralloophotel.com
Au cœur du Loop, une centaine de chambres et de studios standards, bien tenus et confortables. Très convoités par les voyageurs d'affaires. 130–200$.

Carleton of Oak Park Hotel hors plan (à l'ouest)
→ 1110 Pleasant St
Tél. 708 848 5000
www.carletonhotel.com
Ce ravissant hôtel de Oak Park a réparti 153 chambres entre sa partie historique et son Motor Inn, nettement moins cher. Le train conduisant au centre-ville est à deux pas. 170–250$.

Acme Hotel (**B** B5)
→ 15 E Ohio St/ Wabash Ave
Tél. 312 894 0800
www.acmehotelcompany.com
Pochettes d'albums de rock des années 1970 et sérigraphies murales twistent la tradition dans cet hôtel ultra-connecté : code d'accès aux bornes wifi de la ville fournit à la demande, ordinateurs à disposition et prêt gracieux d'Apple Watch ! 130 chambres impeccables, un espace sauna-jacuzzi... 130–300$.

Majestic Hotel (**C** B2)
→ 528 West Brompton Ave.
Tél. 773 404 3499
www.majestic-chicago.com
Dans une rue paisible, près de Wrigley Field, un hôtel étonnamment cosy. Décor de cottage anglais et personnel toujours très aimable. 150–250$, petit déjeuner inclus.

Palmer House Hilton (**A** B2)
→ 17 East Monroe St
Tél. 312 726 7500
www.palmerhousehiltonhotel.com
Construit en 1873, il fut l'un des premiers bâtiments de Chicago à bénéficier de l'électricité. Aujourd'hui, son originalité tient plutôt à l'opulence de son célèbre *lobby*. Piscine intérieure, spa, restaurant et bar. 180–370$.

Hotel Blake (**A** B3)
→ 500 S. Dearborn St
Tél. 312 986 1234
www.hotelblake.com
Dans les anciens bureaux de la Morton Salt Company, en plein centre du Loop, 162 chambres élégantes et feutrées. Service spa et restaurant. 190–380$.

Swissotel (**B** C6)
→ 323 East Upper Wacker Drive
Tél. 312 565 0565
www.swissotel.com
Cette tour de verre offre d'imprenables vues sur le lac et l'embouchure de la Chicago River. Restaurant (The Palm) réputé. 240–360$.

The Hoxton (**D** E4)
→ 200 N Green St
Tél. 312 761 1700
thehoxton.com
Hôtel a l'ambiance moderne et chic, au cœur du quartier tendance du West Loop. Chambres à la déco trendy, rappelant l'histoire du quartier. Deux restaurants de qualité, un rooftop avec piscine et spa, et un *speakeasy* qui se cache dans le sous-sol de l'hôtel ! 270–450$.

INDEX

Les noms de rues, de monuments et de lieux de visite, classés par ordre alphabétique, sont suivis d'un carroyage, dont la lettre en gras A, B, C... indique le quartier et la carte correspondante. 📍 renvoie aux "Incontournables", en début de guide.

RUES

MONUMENTS ET LIEUX DE VISITE

Guides CARTOVILLE Gallimard
5, rue Gaston-Gallimard
75007 Paris
cartoville@gallimard-loisirs.fr
guides-gallimard.fr

Auteurs
Aude Lize, Ben Calhoun, Elaine Glusac, Jessica Liebing, Celia Jacquemond
Traduction
Anthony Moinet, Solène Bouton
Mise à jour
Grégoire Meyer
Suivi éditorial
Emmanuelle Fernandez
Lecture-correction
Fabienne Texier

Cartographie
EdiCarto © Gallimard Loisirs. Plan de transports © CTA Rail System

Photographies
Ben Calhoun, sauf : **Couverture** Chicago River © Songquan Deng/ Shutterstock, panorama © Felix Mizioznikov **Édito** © Tupungato/Shutterstock **Incontournables** Megan McCune, sauf : Chicago River © Ben Calhoun ; North Avenue Beach © Ben Calhoun ; Navy Pier © Fotoluminate/Shutterstock ; Gold Coast © James Andrews /Shutterstock **Autrement** Kayak © f11photo / Shutterstock ; Blue Man Group © DFree / Shutterstock ; Wrigley Field © Megan McCune ; Maggie Daley Park © Big Joe / Shutterstock ; Speakeasy © View Apart ; Garfield Park Conservatory © Nagel Photography / Shutterstock **En 3 jours** Crown Fountain © Richard Cavalleri / Shutterstock ; Six Corners Intersection © Megan McCune ; Lincoln Park © Songquan Deng / Shutterstock **A** Toutes par Jessica Liebing sauf Buddy Guy's Legends © Paul Natkin ; Intelligentsia Coffeebar © Intelligentsia Coffeebar **A ★** Wacker Drive, The Rookery © Megan McCune ; Millennium Park, Art Institute of Chicago, © Jessica Liebing ; Buckingham Fountain © Ed Boettcher / Shutterstock ; The Field Museum © Shutterstock **B** Topolobampo © Tim Turner ; The Signature Lounge © Toovit Begun Photography/Shutterstock ; American Girl Place, © Jessica Liebing **B ★** Michigan Avenue Bridge © Shutterstock ; Museum of Contemporary Art, John Hancock Center © Jessica Liebing **C** Alinea © Lara Kastner / Alinea and Achatz LLC ; Pick me up café, Paper Source, Intermix © Jessica Liebing **C ★** Peggy Notebaert Museum, North Avenue Beach © Megan McCune ; Lincoln Park Zoo, Wrigley Field © Jessica Liebing **D** Big Star © Page Light Studio / Shutterstock ; Girl & The Goat © Jeff Kauck ; Mirai, City soles/Niche © Jessica Liebing **D ★** Six Corners Intersection © Megan McCune **E** Al's Beef, Joy Yee Noodle Shop, Aji Ichiban © Jessica Liebing **E ★** Greektown © Megan McCune ; Murals of Pilsen, Chinatown Main Gate © Jessica Liebing **F** Rajun Cajun, Piccolo Mondo, Seminary Co-op Bookstore © Jessica Liebing **F ★** University of Chicago / Renaissance Society © Tom Van Eynde ; University of Chicago, Museum of Science and Industry © Jessica Liebing **Environs** Botanic Garden © elesi ; Milwaukee © f11photo ; Bahá'í House of Worship © 53316310

1er dépôt légal : février 2009
Dépôt légal : mars 2023
Numéro d'édition : 367699
ISBN 978-2-7424-6208-7
Photogravure : Desk (Laval).
Imprimé en Chine par C&C Offset.

Édition mise à jour, publiée en 2023

Déjà parus

CARTOVILLE

Monde
Amsterdam, Athènes, Bangkok, Barcelone, Berlin, Bilbao-San Sebastián, Boston, Bruges-Gand, Bruxelles, Bucarest, Budapest, Buenos Aires, Chicago, Cologne, Copenhague, Cracovie, Dubai, Dublin, Dubrovnik, Édimbourg, Florence, Gênes, Genève, Glasgow, Grenade, Hambourg, Helsinki, Hong Kong, Istanbul, Jérusalem, Kyoto, La Havane, La Nouvelle-Orléans, Las Vegas, Lausanne, Le Caire, Le Cap, Lisbonne, Ljubljana, Londres, Los Angeles, Luxembourg, Madrid, Marrakech, Miami, Milan, Montréal, Moscou, Munich, Naples, New York, Oslo, Palerme, Pékin, Porto, Prague, Québec, Reykjavik, Riga, Rio de Janeiro, Rome, Saint-Pétersbourg, San Francisco, São Paulo, Séoul, Séville, Shanghai, Singapour, Stockholm, Sydney, Tallinn, Tel Aviv, Tokyo, Turin, Valence, Vancouver, Varsovie, Venise, Vienne, Vilnius, Washington, Zagreb
France
Bordeaux, Le Havre, Lille, Lyon, Marseille, Nantes, Nice, Paris, Strasbourg, Toulouse
Avec Pénélope Bagieu
Londres, New York
En famille
Amsterdam, Barcelone, Berlin, Lisbonne, Londres, Madrid, New York, Paris, Rome, Venise

CARTO

Baie de Naples, Canaries, Corse, Crète, Cyclades, Guadeloupe, Ibiza, Lacs italiens, Madère, Majorque, Malte, Martinique, Sicile